Brunch
& Büfett

Die besten Gäste-Rezepte: entspannt vorbereiten und mitgenießen

Text | Fotos
Tanja Dusy | Jörn Rynio

Alles fürs Sonntagsfrühstück **16**

Heiße Brunch-Ideen **46**

Alles fürs Büfett **76**

Titelbild

Die auf dem Umschlag links abgebildeten »Bunten Käsebällchen« finden Sie auf Seite 31, die »Erdbeer-Limetten-Marmelade« (Mitte) auf Seite 23 und die »Schinken-Quark-Röllchen« (Variante) auf Seite 29.

Service 4

Frühstücks- und Brunchplanung **5**
Alles fürs Frühstück **7**
Büfettplanung **9**
Getränkekunde **11**
Drinks für alle Fälle **12**
Dekotipps fürs perfekte Servieren **15**
Menüplaner **120**
Register **122**
Impressum **128**

Alles fürs Sonntagsfrühstück 16

Früchte zum Trinken **19**
Früchte zum Löffeln **21**
Früchte zum Streichen **23**
Für Käsefans **29**
Für Fischfreunde **36**
Schnell gerührt mit Ei **39**
Waffeln, Muffins & Co. **41**

Heiße Brunch-Ideen 46

Süßes aus dem Ofen **49**
Pikantes aus dem Ofen **51**
Fleisch mal anders **59**
Köstlich fernöstlich **63**
Fruchtige Happen **65**
Aus der Pfanne **66**
Herzhafte Kuchen **69**
Aus dem Suppentopf **75**

Alles fürs Büfett 76

Frisch gefangen **79**
Toll gerollt **83**
Käse gut angemacht **88**
Verführerisch gefüllt **91**
Mariniertes **95**
Braten klein & groß **99**
Pasteten, Mousse & Co. **107**
Partysalate **110**
Süße Verführer **115**

Frühstück und Brunch

Oder wie der Tag gut beginnt und noch besser endet.

Ein gutes Frühstück ist der beste Start in den Tag. Aber ein Frühstück kann noch mehr sein: Ein kleiner Urlaub vom Alltag, wenn man sonntags zu zweit oder mit der Familie richtig ausgiebig und gemütlich schlemmt. Oder sich Freunde einlädt zu einem Frühstück de luxe, dem Sonntagsbrunch.

Brunch bedeutet ja nichts anderes als Frühstück (breakfast) und Mittagessen (lunch) in einem. Deshalb stehen die Gäste zum Glück auch nicht gleich um acht Uhr vor der Tür, sondern erst am späteren Vormittag. Es kann also jeder ausschlafen und sich in Ruhe dem Vorbereiten widmen – was idealerweise am Tag vorher beginnen sollte. Bereits eingekauft stehen dann schon die wesentlichen Frühstücksbasics von Brot bis Kaffee bereit (s. hierzu Seite 6/7, bzw. Seite 10/11). Dazu kommen noch selbstgemachte kalte Leckereien, die fertig auf dem Tisch die Ankunft der Gäste erwarten. So bleibt dann genug Zeit, sich um die warmen Gerichte zu kümmern.

Heiße Gerichte gehören unbedingt zu einem Brunch. Aber als erste Mahlzeit des Tages sollte es nicht gerade Schweinebraten mit Knödeln sein und manches, was sich gut auf einem abendlichen Büfett macht – wie Nudelsalat & Co. – kann, muss aber nicht so gut geeignet sein. Nicht zu schwer, nicht zu deftig, sondern lauter nette kleine Happen, die man gerne kombiniert, sind am Brunchbüfett gefragt. Ideal ist dabei alles aus dem Ofen, weil es dort ganz von alleine gart, während man sich um die Gäste kümmert.

Darum die Rezepte am besten so wählen, dass sich Heißes und Kaltes ebenso ergänzt wie schnell Gemachtes und bereits Vorbereitetes. Auch für Süßschnäbel sollte etwas dabei sein.

Damit kein Stress aufkommt, unbedingt für genügend Geschirr und Besteck sorgen: Pro Gast am besten 1 großen und 2 kleine Teller, evtl. noch Schalen für Müsli, Suppe und Dessert, 2 Sätze Besteck (Messer, Gabel, Löffel und Teelöffel) und genügend Tassen und Gläser (Sektgläser!) zurechtstellen. Ebenfalls nicht vergessen: Vorlegebesteck, Platten, Schüsseln, Servietten und Thermoskannen für die heißen Getränke. Und: Milch, Säfte etc. machen sich in Krügen besser als im Tetrapak!

Dann heißt es, am besten in »Lagen« auftischen. Während sich die Gäste am kalten Frühstücksbüfett warm essen, bleibt genug Zeit, die heißen Gerichte ganz cool an den Start zu bringen. Während alles im Ofen schmurgelt, bietet es sich an, leere Schalen nachzufüllen oder sich einfach nett zu unterhalten. Clevere Gastgeber animieren ihre Gäste zum Mitmachen: Sicher hat einer Spaß daran, über den Toaster zu wachen oder Kaffee nachzugießen. So lässt es sich dann endlos und entspannt brunchen, nahtlos bis zum abendlichen Büfett.

1

2

3

4

5

6

7

8

Frühstücksbasics von Brot bis Müsli

1 | Butter

So selbstverständlich auf dem Frühstücksbrot, dass man sie glatt vergessen könnte. Butter oder Margarine am besten im Töpfchen oder als ganzes Stück, kurz bevor die Gäste eintrudeln, gut gekühlt bereitstellen. Und: besser nur in kleinen Mengen und noch mal nachlegen, weil beides schnell weich wird.

2 | Marmelade

Ob stilecht als englische Zitrusfruchtmarmelade, Fruchtkonfitüre oder Gelee versüßen sie den Tag. Ein edler Newcomer und very British auf Toast: Lemon Curd, eine buttrige Zitruscreme. Altbekannt und genauso fein: blütenduftiger Honig oder auch kräftiges Apfelkraut. Immer wieder ein Renner: Schoko- oder Nussnougatcreme.

3 | Käse

Hier ist von streichzartem mildem Frischkäse (Kuh oder Ziege) bis hin zum kräftigen Blauschimmelkäse alles möglich (siehe dazu auch Seite 35).

4 | Wurst

Keine Schlachtplatte, sondern Feines wie luftgetrocknete, dünn aufgeschnittene Salami, roher und gekochter Schinken, Lachsschinken oder kalter Braten sind hier der Hit. Edel und ein echter Hingucker: Pasteten und Terrinen, zu denen auch Johannisbeergelee schmeckt. Pro Person ca. 50 g Käse oder Wurst einplanen.

5 | Brot und Brötchen

Sie sind im wahrsten Sinne Grundlage eines jeden Frühstücks. Herzhaftes mit Vollkorn, Sauerteig oder mal Pumpernickel für Käse, Wurst & Co., aber auch Weißbrot, Baguette, Ciabatta oder Fladenbrot. Ideal für Süßes drauf: frischer Toast, Brötchen, evtl. aus Hefeteig und knusprige Croissants und Hörnchen. Pro Person sollte man ungefähr 250–300 g Gebäck rechnen.

6 | Müsli

Auch Flocken und Körner sind auf dem Büfett nicht verkehrt. Egal ob Haferflocken, fertige Müslimischung oder Cornflakes – mit Trockenfrüchten, Samen und Nüssen auf den Tisch gestellt, laden sie zum Selbermischen ein.

7 | Milchprodukte

Damit Müsli und Frühstück nicht trocken bleiben, auf keinen Fall vergessen: Milch (für den Kaffee), Joghurt (zum so löffeln oder zum mit Früchten mischen) und Quark oder Frischkäse (fürs Marmeladenbrötchen).

8 | Obst

Erfrischt und sorgt für Vitamine: Trauben zum Käse, Beeren für Quark und Müsli oder Äpfel, Birnen und Bananen zum so essen. Exoten wie Ananas, Papaya oder Mango sollte man besser vorbereiten und in Stücke oder Spalten schneiden.

Büfetts für jede Gelegenheit

Einfach planen und schön feiern mit Vielen!

Richtig genial, so ein Büfett. Denn wenn alles erst einmal vorbereitet auf der Tafel steht, kann man sich auch als Gastgeber ganz entspannt dem Feiern widmen. Und das Schöne dabei: Jeder nimmt das, was er gerade mag.

Die Auswahl der Rezepte für ein Büfett sollte deshalb möglichst vielfältig sein. Etwas mit Fleisch, Fisch, Käse, Gemüse, einen Salat und nicht zu vergessen etwas Süßes. Und wer will, serviert noch ein warmes Gericht als Büfett-Highlight aus dem Brunchkapitel. Inzwischen auch fast schon Standard: Kuchen, der mit Kaffee und einem Digestif als abrundendes Ende serviert wird. Die Anzahl der angebotenen Speisen richtet sich dabei jeweils nach der Zahl der geladenen Gäste. Die Spannweite bei den jeweiligen Mengenangaben der Rezepte gibt daher an, wie viele Leute bequem damit satt werden können (die kleinere Zahl), bzw. für wie viele es reicht, wenn noch weitere Gerichte zur Auswahl angeboten werden (die größere Zahl).

So kann man pro Person als grobe Richtlinie zum Beispiel eine kleinere Portion Fleisch oder Fisch einrechnen und zusätzlich dazu eine größere Portion Salat, eingelegtes Gemüse, einen Dip oder eine Sauce und alles Weitere im Baukastensystem ergänzen. Übrigens sind die meisten der Frühstücks- und Brunchrezepte durchaus auch für ein abendliches Büfett tauglich. Zusätzlich sollte man für jeden Gast ruhig 100–150 g Brot oder Brötchen einrechnen und evtl. noch einen frischen grünen Salat mit separatem Dressing bereitstellen. Wer sich Arbeit sparen will, stellt auch noch eine Käse- oder Wurstplatte oder eine Platte mit Räucherfisch auf den Tisch – entweder selbst zusammengestellt oder von Metzgerei oder Partyservice fertig geliefert.

Schön ist es, ein Motto für ein Büfett zu wählen und die Rezepte entsprechend zu kombinieren. Also z. B. ein herzhaftes, ein asiatisches, mediterranes oder orientalisches Büfett oder aber ein Saisonbüfett. Entsprechend zum Büfettmotto können dann Deko, Tischdecken, Servietten und Geschirr ausgewählt werden. Wie beim Brunch gilt auch hier: Immer mehr Geschirr und Besteck einplanen, da keiner sein Dessert vom selben Teller essen will, auf dem noch Salatsauce schwimmt.

Die Speisen dann soweit möglich schon am Vortag oder einige Stunden vor Büfetteröffnung zubereiten. Bei vielen Gerichten, wie Salaten, ist das sogar von Vorteil, damit sie richtig durchziehen können (Ausnahme: Blattsalate – sie fallen schnell zusammen). Mit Plastik- oder Alufolie abgedeckt sollten die Gerichte kühl gelagert und erst vor dem Eintreffen der Gäste aufgedeckt werden. Lediglich frische Deko wie Salatblätter, Gurkenscheiben, Früchte etc. oder frisch gehackte Kräuter sollten dann erst knapp vor dem Servieren schnell mit angerichtet werden.

BRUT DARGENT
FLASCHENGARUNG

Getränketipps für Frühstück, Brunch und Büfett

1 | Tee und Kaffee

Heißgetränke gehören zu jedem Frühstücksbüfett – pro Person ca. 500 ml einrechnen. Ein Tässchen Espresso oder Kaffee bildet mit Kuchen den Abschluss eines abendlichen Büfetts. Kaffee oder Tee können gut vorbereitet und in Thermoskannen warm gehalten werden. Milch und/oder Sahne, Zucker und Bio-Zitronenscheiben zum Tee gehören dabei unbedingt mit auf das Büfett.

2 | Säfte

Am besten frisch gepresst sorgen Säfte für den morgendlichen Vitaminkick. Favoriten sind ganz klar Orangensaft oder eine Mischung aus Orange und Grapefruit. Wer so viel Säure morgens nicht verträgt, nimmt Multivitamin- oder andere milde Fruchtsäfte. Aber auf jeden Fall immer zu Vollsaft greifen und den gesüßten Nektar stehen lassen.

3 | Wasser und Limonade

Vor allem für Kinder und Leute, die keinen Alkohol trinken, sollten reichlich Wasser – stilles und kohlensäurehaltiges – und eine nicht allzu süße Limonade im Haus sein.

4 | Sekt

Ein Gläschen Sekt ist der perfekte Willkommensdrink. Beim Sektfrühstück sollten aber nicht nur eiskalter Sekt oder Champagner gereicht werden. Viele Leute »verdünnen« ihren Sekt gerne mit Orangensaft, Johannisbeer- oder hellem Traubensaft. Oder wie wär's mal mit einem Kir royal? Dazu etwas Cassis (Johannisbeerlikör) ins Glas geben und mit Sekt auffüllen.

5 | Bier

Bier ist perfekt für jedes deftige Büfett. Egal ob Export oder Pils, Hauptsache gut gekühlt. Sollte der Kühlschrank dabei allerdings zu voll sein: Eimer oder eine Wäschewanne mit Eiswürfeln (gibt es in Getränkemärkten oder an manchen Tankstellen) füllen und das Bier darin kühl stellen.

6 | Wein

Hier nicht zu schwere Sorten wählen. Trockene frische Weißweine wie Gutedel, Grüner Veltliner, Soave oder Pinot Grigio passen gut gekühlt fast immer, besonders bei scharfen oder exotischen Gerichten oder Büfetts mit viel Fisch. Ein schöner Roséwein ist wunderbar zu sommerlichen Gerichten. Bei Rotwein sind leicht erhältliche, oft auch preiswerte Sorten wie Beaujolais, Chianti oder Rioja prima geeignet.

7 | Bowlen & Sonstiges

Für sommerliche Partys und Büfetts sind Bowlen oder Cocktails genau richtig. Allerdings: Gerade bei Hitze steigen sie noch schneller zu Kopf, daher sollten Sie immer genügend alkoholfreie Getränke bereitstellen. Digestifs wie Averna, Ramazzotti, Magenbitter etc. sind ein schöner Abschluss für ein gelungenes Büfett.

Würziger Latte macchiato

Wie in der Kaffeebar …

Für 4 Gläser **1 Vanilleschote** längs aufschlitzen und das Mark herauskratzen. Mark und Schote mit **1 Zimtstange, 3 EL Honig** und **750 ml Milch** einmal aufkochen. Vom Herd nehmen und mindestens 2 Std. ziehen lassen.
Durch ein Sieb abgießen und nochmals erhitzen, dann mit dem Mixer oder Miniquirl schaumig aufmixen und auf vier hohe Gläser verteilen. Darauf vorsichtig je 1 Portion **frisch gebrühten Espresso** (ca. **70 ml**) über den Rücken eines Teelöffels einlaufen lassen, damit sich zwei Schichten bilden.

Ingwer-Tschai

Indische Teespezialität mit viel Asia-Aroma

Für 6 kleine Tassen **1 Stück frischen Ingwer** (ca. 6 cm) schälen und in Scheiben schneiden. **1 Stange Zitronengras** fein hacken. **5 grüne Kardamomkapseln** mit dem Mörser oder einem schweren Gegenstand zerquetschen. Alles in einem Topf mit 250 ml Wasser aufkochen und ca. 10 Min. bei kleiner Hitze kochen lassen. 500 ml Wasser und **300 ml Milch** zugießen, aufkochen, dann **2 EL Schwarztee** und **3 EL Zucker** einrühren und 3 Min. bei mittlerer Hitze kochen lassen. Alles durch ein Sieb gießen und auf Tässchen verteilen.

Extra Heiße Schokolade

Ungewöhnlich und echt scharf

Für 4 Tassen **1 kleine frische rote Chilischote** halbieren, entkernen und vierteln. Mit **800 ml Milch** aufkochen und ca. 5 Min. köcheln lassen. Inzwischen **100 g Zartbitterschokolade** zerbröckeln. Schote aus der Milch fischen, Schokolade und **1 Päckchen Vanillezucker** zugeben und bei kleiner Hitze unter Rühren schmelzen lassen. **120 g Sahne** steif schlagen. Die Schokolade mit dem Schneebesen schaumig rühren, auf Tassen verteilen, je **1 Klecks Sahne** darauf geben und mit **Zimtpulver** bestreuen.

Erdbeer-Holler-Sekt

Der perfekte Welcomedrink

Für 10 Sektgläser **500 g reife Erdbeeren** (oder TK-Ware) waschen, putzen und in Stücke schneiden. Mit **2 EL Puderzucker** und **4 EL Orangenlikör** (z. B. Cointreau) ca. 1 Std. marinieren, dann pürieren und durch ein Sieb streichen. Das Püree mit **6 EL Holunderblütensirup** mischen.
Das Erdbeer-Hollerpüree in die Sektgläser verteilen, dann mit **2 Flaschen eisgekühltem trockenem Sekt** aufgießen und servieren.

Melonen-Bowle

Der absolute Sommerhit für viele Gäste

Für 4 l Bowle **1 Galiamelone** und **1 kleine Wassermelone** vierteln, die Kerne entfernen und das Fruchtfleisch in Würfelchen schneiden oder mit dem Kugelausstecher Kügelchen ausstechen. Mit dem **Saft von 1 Zitrone, 2 EL Puderzucker** und **70 ml Aperol** (ital. Aperitif) mischen und 1 Std. zugedeckt im Kühlschrank ziehen lassen.
Kurz vor dem Servieren mit **2 Flaschen Weißwein, 1 Flasche Rosésekt** und **1 Flasche Mineralwasser** (alles gut gekühlt) aufgießen.

Fruchtige Sangria

Kühlt im Sommer, wärmt im Winter

Für ca. 4 l Sangria **je 2 Bio-Orangen und Bio-Zitronen** heiß waschen, abtrocknen und mit der Schale in Würfel schneiden (Kerne besser entfernen). **1 Apfel** und **2 reife Pfirsiche** waschen. Beides in Stücke schneiden, dabei das Kerngehäuse bzw. die Kerne entfernen. Alles mit **4 EL Zucker, 75 ml Orangenlikör** und **75 ml Sherry** mischen und 30 Min. im Kühlschrank ziehen lassen. Mit **3 Flaschen trockenem spanischem Rotwein** (z. B. Rioja) aufgießen und mind. 2 Std. kühl stellen.

1

2

3

4

5

Einfach hübsch angerichtet

1 | Da gibt's was drauf

Anstelle von Schälchen bietet es sich an, essbare Unterlagen zu schaffen: Salzkräcker, asiatische Reiskräcker und mexikanische Nacho-Chips sind alle toll für ein Stückchen Fleisch, Fisch oder ein Löffelchen Salat. Auf halbierten Radieschen, Gurken- oder Rote-Bete-Scheiben sieht ein Klecks Käsecreme oder ein aufgespritzter Tupfer Radieschenbutter nicht nur hübsch aus, sondern wandert ohne komplizierte Umwege als Fingerfood direkt in den Mund.

2 | Zum Knabbern

Frisches und Knuspriges gehören ebenfalls zu jedem Büfett: Gemüsesticks aus Gurke, Möhre und Staudensellerie einfach in einem Glas neben einem Dip oder der beliebten Käsecreme platzieren. Daneben dann gleich noch ein Glas mit italienischen Grissini, Blätterteigstangen oder Salzstängelchen stellen – so greifen die Gäste gerne mal schnell zu.

3 | Gar nicht spießig

Käsespieße waren gestern – und sind heute wieder mega in – nicht nur mit Käse. Alles, was klein, rund oder eckig ist oder sich dazu machen lässt, passt prima auf lange Spieße. Wichtig dabei: Farbe, Form und Geschmack müssen harmonieren. Also z. B. ein asiatisch gewürztes Hackbällchen (Rezept S. 87) mit einem Frühlingszwiebel- und Papayastück oder ein griechisch gewürztes mit Fetawürfel und Olive aufspießen. Voilà! Sieht nicht nur hübsch aus, sondern ist auch super leicht zu machen. Ein weiterer Vorteil: Spieße sind perfektes Fingerfood, und Sie sparen Geschirr und Besteck sowie den lästigen Abwasch. Deshalb andere Häppchen wie Hackdatteln oder Aprikosentaler (Rezepte S. 65) auch gleich auf kurze Spieße stecken. Und zum Dessert gibt's Fruchtspieße: Obststücke einfach auf Keks-Schoko-Stäbchen gesteckt und evtl. noch zur Hälfte in flüssige Schokolade getaucht und in Kokosraspel gewälzt – einfach lecker!

4 | Gut gebettet

Anstatt kalte Braten oder Käse auf nackten Platten anzurichten, einfach etwas Rucola, Kresse oder Salat unterlegen. Steht dann noch ein Dressing dabei, wird die Deko sicher gleich noch gerne mitgegessen. Für Partysalate eignen sich ausgehöhlte Tomaten, ausgekratzte Gurkenstücke oder ein schön gebogenes Radicchio- oder Chicoreeblatt als Unterlage und Schälchen.

5 | Klein aber fein

Suppe in Mokkatässchen oder Desserts in orientalischen Tee- oder Likörgläschen laden zum Zugreifen ein, ganz nach der Devise: Alles will probiert werden – die kleinen Portionen machen es möglich!

Alles fürs Sonntagsfrühstück

Müsli schmeckt eigentlich an jedem Tag. Aber mit knusprig feinen Orangen-Kürbiskernen wird es zum sonntäglichen Frühstücksknüller.

Knusperkern-Müsli

für den Vorrat | *im Bild links*
Zubereitung: 15 Min. | *Pro Portion: ca. 280 kcal*

Für 8 Personen

1 Bio-Orange
5 EL Kürbiskerne
3 EL Puderzucker
3 EL Haselnüsse
3 EL Bananenchips
80 g Tropic-Fruchtmischung (kandierte Früchte)
300 g Haferflocken
100 g Weizenflakes

1 Orange heiß waschen, abtrocknen und 1/4 TL Schale dünn abreiben, den Saft auspressen. Die Kürbiskerne in einer kleinen Pfanne ohne Fett rösten, bis sie duften. Pfanne vom Herd nehmen, Puderzucker, Orangenschale und 6–7 EL Saft dazugeben. Gut mischen, bis die Kürbiskerne von einer Zuckerschicht umgeben sind, dann trocknen lassen.

2 Die Haselnüsse, Bananenchips und Früchte grob hacken und mit den trockenen Kürbiskernen und übrigen Zutaten mischen. In ein Glas füllen. Nach Wunsch mit Obst oder Milchprodukten anrühren.

Beerensmoothie

Powerdrink
Zubereitung: ca. 10 Min. | Pro Portion: ca. 180 kcal

Für 2 Personen

250 g gemischte TK-Beeren (unaufgetaut)
1 EL Puderzucker
150 ml Aprikosennektar
200 g Buttermilch
3 EL Grenadine (Granatapfelsirup)
5 Eiswürfel

Außerdem:

2 Minzezweiglein und Puderzucker zum Garnieren

1 Die Beeren direkt aus dem Tiefkühlfach nehmen und mit dem Puderzucker, Aprikosennektar, der Buttermilch, 1 EL Grenadine und 5 Eiswürfeln im Standmixer oder in der Küchenmaschine cremig pürieren.

2 Den Drink in zwei Gläser gießen, die restliche Grenadine darüberträufeln, ein Minzezweiglein in die Mitte stecken und leicht mit Puderzucker überstäuben.

Eiskalte Varianten

Wer keine Kalorien zählen muss, kann anstelle der Eiswürfel auch mal **2 Kugeln Vanilleeis** mit den Beeren mixen. Und wer sich nicht vor zu viel Promillen fürchtet, nimmt anstelle der Grenadine mal **2–3 EL Cassislikör,** dann aber evtl. mit etwas mehr Puderzucker süßen.

Ananas-Kokos-Smoothie

Südsee im Glas
Zubereitung: ca. 15 Min. | Pro Portion: ca. 310 kcal

Für 2 Personen

1/4 Ananas (ca. 250 g) | 1 Banane
2 EL frisch gepresster Limettensaft
300 ml Kokosmilch
1–2 EL brauner Zucker
5 Eiswürfel | 3 EL Kokosraspel
1 Spalte Limette

1 Die Ananas aus der Schale schneiden, putzen und den Strunk entfernen, anschließend in Stücke schneiden. Die Banane schälen und in Stücke schneiden. Beides mit dem Limettensaft, der Kokosmilch, dem Zucker und 5 Eiswürfeln in den Standmixer geben und pürieren oder in der Küchenmaschine schaumig schlagen.

2 Die Kokosraspel auf einen Teller geben. Den Rand von zwei Gläsern so mit der Limettenspalte umfahren, dass der Rand mit Saft benetzt ist. Dann in den Kokosraspeln wenden. Den Drink vorsichtig in die Gläser füllen und mit Trinkhalmen servieren.

Joghurt-frische Variante

Hierfür keine frische Ananas, sondern **6 Ananasscheiben aus der Dose** nehmen. Mit dem Saft und der Schale von **1/2 Limette, 1 Päckchen Vanillezucker, 100 ml Kokosmilch** und **5 EL Joghurt** mit **8 Eiswürfeln** im Blender cremig pürieren.

hinten: Beerensmoothie | vorne: Ananas-Kokos-Smoothie

Vanillejoghurt-Obstsalat

gesund & lecker | *Zubereitung: 20 Min.*
Marinieren: 30 Min. | *Pro Portion: ca. 175 kcal*

Für 4 Personen

1 Vanilleschote | 2 EL frisch gepresster Zitronensaft | 300 g gemischte Trauben (grün und blau) | 1 Apfel | 1 große Birne | 4 EL Puderzucker | 100 g Heidelbeeren (frisch oder TK) 100 g Joghurt | 4 EL Mandelblättchen

1 Vanilleschote aufschlitzen, das Mark herauskratzen und die Hälfte davon mit dem Zitronensaft mischen. Trauben waschen, von den Stielen zupfen, halbieren und entkernen. Apfel und Birne waschen, vierteln, das Kerngehäuse herausschneiden. Beides klein würfeln und sofort gut mit den Trauben, dem Zitronensaft und 3 EL Puderzucker mischen und zugedeckt 15 Min. ziehen lassen.

2 Die Heidelbeeren waschen, verlesen, abtropfen lassen, TK- Beeren auftauen. Joghurt mit übrigem Vanillemark und Puderzucker glatt rühren. Die Mandelblättchen in einer Pfanne ohne Fett hellbraun anrösten und abkühlen lassen. Joghurt und Heidelbeeren unter das Obst mischen und weitere 15 Min. ziehen lassen. Vor dem Servieren durchrühren und mit Mandelblättchen bestreuen.

Clever variieren

Je nach Saison schmecken auch mal **Pfirsiche, Aprikosen, Erdbeeren** oder **Himbeeren.**

Limetten-Obstsalat

exotisch-zitrusfrisch | *Zubereitung: ca. 30 Min.*
Kühlen: 2 Std. | *Pro Portion: ca. 205 kcal*

Für 4 Personen

2 Orangen | 1 Bio-Limette | 1 Stängel Zitronengras | 60 g Zucker | 1 reife Papaya 1 Babyananas | 1 Stück Honigmelone (ca. 400 g) | 4 EL Kokosraspel oder -späne

1 Den Saft von 1 Orange auspressen. Limette heiß waschen, abtrocknen, halbieren, die Schale von 1 Hälfte abreiben, den Saft beider Hälften auspressen. Die unteren 10 cm vom Zitronengras vierteln, dann möglichst fein hacken. 50 ml Wasser, Zucker, Zitronengras, Orangen-, Limettensaft und -schale in einem Topf aufkochen lassen, dann bei starker Hitze ca. 8 Min. sirupartig einkochen lassen. Vom Herd nehmen und abkühlen lassen.

2 Die Papaya halbieren, Kernchen entfernen, schälen und in Stücke schneiden. Die Ananas putzen, schälen und in Stücke schneiden. Die Melone schälen, Kerne herausschneiden, dann in Stücke schneiden. Von der übrigen Orange die Schale samt weißer Haut wegschneiden und filetieren. Alles mit abgekühltem Limettensirup mischen und zugedeckt ca. 2 Std. kühl stellen. Zum Servieren mit Kokosspänen oder -raspeln bestreuen.

Clever abschmecken

Für den kleinen Zusatz-Asia-Kick noch 3–4 Stücke **kandierten Ingwer** oder **in Sirup eingelegten Ingwer** fein hacken und untermischen. Wer will serviert den Obstsalat auch mal zur **Orangencreme** von S. 115.

vorne: Limetten-Obstsalat | hinten: Vanillejoghurt-Obstsalat

Erdbeer-Limetten-Marmelade

***frischer Marmeladencocktail** | Zubereitung: ca. 35 Min.*
Marinieren: 12 Std. | Pro Glas: ca. 525 kcal

Für 2 Gläser (à 300 ml)

450 g Erdbeeren (notfalls TK)
2 Bio-Limetten
6 EL Tequila (nach Belieben)
100 g brauner Zucker
100 g weißer Zucker
1/2 Päckchen Gelfix (2:1)

1 Die Erdbeeren waschen, gut abtropfen lassen, putzen und klein würfeln. Die Limetten heiß waschen und abtrocknen. Von 1 Limette die Schale in feinen Streifen abziehen oder abreiben. Den Saft aus beiden Limetten auspressen. Erdbeeren mit Limettensaft und -schale, nach Belieben Tequila und dem braunen Zucker mischen und möglichst über Nacht zugedeckt Wasser ziehen lassen.

2 Am nächsten Tag die Gläser heiß ausspülen, abtrocknen und bereitstellen. Den weißen Zucker mit Geliermittel und den Erdbeeren in einem Topf verrühren, unter Rühren zum Kochen bringen und bei großer Hitze unter Rühren ca. 3 Min. kochen lassen. Dann heiß in saubere Marmeladengläser füllen und sofort verschließen. Auf den Deckel stellen und nach 10 Min. wieder umdrehen.

Apfel-Himbeer-Marmelade

sommerfruchtig
Zubereitung: 25 Min. | Pro Glas: ca. 635 kcal

Für 2 Gläser (à 250 ml)

2 Äpfel (geputzt ca. 200 g)
2 EL Limettensaft
300 g Himbeeren
Mark von 1/2 Vanilleschote
1 Msp. Zimtpulver
250 g Gelierzucker (2:1)
3 EL Himbeergeist (nach Belieben)

1 Die Äpfel schälen, vierteln, Kerngehäuse entfernen, dann in 1 cm große Würfelchen schneiden und mit Limettensaft mischen. Himbeeren waschen, trocken tupfen und mit den Äpfeln, Vanillemark, Zimtpulver und Gelierzucker in einem Topf mischen.

2 Die Gläser heiß ausspülen, abtrocknen und bereitstellen. Bei großer Hitze einmal aufkochen und unter Rühren ca. 3 Min. sprudelnd kochen lassen. Himbeergeist nach Belieben unterrühren, dann heiß in saubere Marmeladengläser füllen und sofort verschließen. Auf den Deckel stellen und nach 10 Min. wieder umdrehen.

Kräuterwürzige Variante

Anstelle des Vanillemarks ca. 10 fein gehackte **Rosmarinnadeln** unter die Marmelade rühren. So schmeckt die Marmelade auch mal zu Wild oder kaltem Braten.

links: Apfel-Himbeer-Marmelade | rechts: Erdbeer-Limetten-Marmelade

Aprikosen-Mandel-Honig

ganz einfach | *Zubereitung: ca. 25 Min.*
Ruhen: 18 Std. | *Pro Glas: ca. 1150 kcal*

Für 1 Glas (ca. 250 g)

12 getrocknete Aprikosen
1 Vanilleschote
Saft von 1 Orange
2 EL Orangenlikör (nach Belieben)
3 EL ganze geschälte Mandeln
200 g Akazienhonig

1 Die Aprikosen in kleine Würfelchen schneiden. Die Vanilleschote aufschlitzen und das Mark mit einem spitzen Messer herauskratzen. Aprikosen, Vanillemark und Schote mit dem Orangensaft in einen Topf geben und bei kleiner Hitze ca. 5 Min. leicht kochen lassen. Nach Belieben den Orangenlikör zugeben und zugedeckt 6 Std. ziehen lassen.

2 Die Mandeln in einer Pfanne ohne Fett nur ganz leicht hellbraun anrösten und abkühlen lassen. Dann mit den Aprikosen unter den Honig mischen, in ein Glas füllen, fest verschließen und mindestens über Nacht durchziehen lassen.

Clever variieren

Einen etwas herberen Geschmack geben grob gehackte **Walnüsse** anstelle der Mandeln.

Beerenfrischkäse

ganz schnell
Zubereitung: 25 Min. | *Pro Portion: ca. 200 kcal*

Für 4 Personen

250 g Himbeeren (frisch oder TK)
1/2 Limette | 2 EL Zucker
200 g körniger Frischkäse
40 g weiße Schokolade
2 EL Mandelblättchen | 1 TL Butter
1 Päckchen Vanillezucker

1 Die Beeren waschen und gut trocken tupfen, TK-Beeren auftauen lassen. Die Hälfte der Früchte mit einer Gabel möglichst fein zermusen. Die Limette heiß waschen, abtrocknen, 1 Msp. Schale abreiben und 1 EL Saft auspressen. Beides mit dem Zucker unter das Himbeermus rühren und mit dem Frischkäse mischen.

2 Die Schokolade in Späne hobeln oder hacken. Die Mandelblättchen in einem Pfännchen in der Butter bei mittlerer Hitze goldbraun rösten. Den Vanillezucker unterrühren, vom Herd nehmen und abkühlen lassen. Die übrigen Himbeeren mit jeweils der Hälfte Schokolade und Mandelblättchen unter den Frischkäse heben. Mit den restlichen Mandelblättchen und der Schokolade bestreut servieren.

Clever tauschen

Anstelle von Himbeeren schmecken auch **Erdbeeren, Heidelbeeren** oder eine **TK-Beerenmischung.**

oben: Aprikosen-Mandel-Honig | unten: Beerenfrischkäse

Süße Orangenbutter

superschnell gemacht
Zubereitung: 15 Min. | Pro Portion: ca. 280 kcal

Für 4 Personen

2 1/2 EL gewürfeltes Orangeat oder
2 kandierte Orangenscheiben
1 Bio-Orange
3 EL Orangenlikör (z. B. Grand Marnier)
oder frisch gepresster Orangensaft
125 g Butter
2 EL Puderzucker
1 Prise Zimtpulver

1 Das Orangeat mit einem großen Messer so fein wie möglich hacken. Die Orange heiß waschen, abtrocknen und die Schale fein abreiben. Wer keinen Likör verwenden will, presst anschließend 2–3 EL Saft aus.

2 Die weiche Butter in Stücke schneiden und mit dem Handrührgerät leicht cremig rühren. Orangeat, Orangenschale, Likör oder Orangensaft und Puderzucker verrühren und gut unter die Butter mengen. Anschließend mit Zimtpulver abschmecken und im Kühlschrank kühlen.

Clever genießen

Die Butter schmeckt super auf **frischem Toast,** aber auch auf **Waffeln** oder den **Bananenpancakes** von Seite 41.

Würzige Variante

Für 4 Personen | **1 EL gewürfeltes Orangeat** wie beschrieben ganz fein würfeln. Schale von **1/2 Bio-Orange** fein abreiben, Saft auspressen. **Je 5 Stängel glatte Petersilie** und **Koriandergrün** waschen, trocken schütteln und fein hacken. Orangeat, Orangenschale und 2–3 EL Orangensaft mit den Kräutern, **1 Prise gemahlenem Safran, 1/4 TL Kurkumapulver** und **edelsüßem Paprika** (wer's schärfer mag, nimmt stattdessen Chilipulver) verrühren. **125 g weiche Butter** mit dem Handrührgerät cremig rühren und alle übrigen Zutaten gut untermengen. Die Butter passt hervorragend zu den Ofenkartöffelchen von S. 51. Oder auf geröstetem Fladenbrot zu den Hackfleischdatteln von S. 65.

Herzhafte Buttervarianten

Radieschenbutter | **6 Radieschen** waschen, putzen und ganz fein würfeln. **6 große Blätter Basilikum** abreiben und fein hacken. Beides mit **1 Msp. abgeriebener Zitronenschale** mischen, unter **125 g weiche Butter** rühren und mit **Salz** und **Pfeffer** abschmecken.
Olivenbutter | Einfach **je 5 schwarze und grüne Oliven** ohne Stein fein hacken. Mit **1/2 TL Herbes de Provence** unter **125 g weiche Butter** mischen und vorsichtig mit Salz und Pfeffer abschmecken.

Schinken-Kräuter-Quark

deftig, aber fein

Zubereitung: 20 Min. | Pro Portion: ca. 340 kcal

Für 4 Personen

100 g Schwarzwälder Schinkenspeck (am Stück)
250 g Quark (40 % Fett)
3 EL Crème fraîche
2 EL frisch geriebener Parmesan
1 Bund Frühlings- oder Salatkräuter (z. B. Schnittlauch, Petersilie, Dill, Kerbel, Estragon)
Salz | Pfeffer

1 Den Schinkenspeck in dünne, kleine Stifte oder Würfelchen schneiden. Quark mit Crème fraîche und dem Parmesan glatt rühren und den Speck unterheben.

2 Die Kräuter waschen, gut trocken schütteln und fein hacken. Die Kräuter vorsichtig mit dem Quark mischen und mit Salz und Pfeffer abschmecken.

Clever variieren

Wer es milder mag, nimmt statt Schinkenspeck einen **geräucherten gekochten Schinken** (z. B. Prager Schinken) und mischt zusätzlich noch 1 in kleine Würfelchen geschnittene, entkernte **Tomate** unter.

Clever dekorieren

Besonders hübsch macht sich der Quark auf dem Frühstückstisch, wenn man etwas davon in dünn geschnittene **Schinkenscheiben** einrollt.

Tomaten-Basilikum-Frischkäse

italienischer Morgenstart

Zubereitung: 30 Min. | Pro Portion: ca. 230 kcal

Für 4 Personen

1 Tomate | 1 kleine Knoblauchzehe
2 EL Pinienkerne | 1 EL Olivenöl
1/2 Bund Basilikum
4 in Öl eingelegte getrocknete Tomaten
200 g Doppelrahmfrischkäse
Salz | Pfeffer

1 Die Tomate waschen und in Scheiben schneiden, dabei den Stielansatz entfernen. Den Knoblauch schälen und grob hacken.

2 Die Pinienkerne in einer Pfanne ohne Fett rösten, bis sie leicht gebräunt sind. Pinienkerne aus der Pfanne nehmen, Öl hineingeben und heiß werden lassen. Darin die Tomatenscheiben mit dem Knoblauch von beiden Seiten jeweils 2–3 Min. braten. Herausnehmen und abkühlen lassen.

3 Basilikum waschen, trocken schütteln, die Blättchen abzupfen (ein paar für die Deko beiseitelegen) und fein hacken. Getrocknete Tomaten abtropfen und klein würfeln. Die abgekühlten Tomaten mit dem Pürierstab fein pürieren und gut mit dem Frischkäse verrühren. Getrocknete Tomaten und Basilikum unter den Frischkäse heben und mit Salz und Pfeffer würzen. Die Pinienkerne und Basilikumblättchen über die fertige Creme streuen.

vorne rechts: Tomaten-Basilikum-Frischkäse | hinten links: Schinken-Kräuter-Quark

1

2

3

Bunte Käsebällchen

für Jeden eins dabei | *Zubereitung: 1 Std.* | *Pro Bällchen: ca. 40 kcal*

Für je ca. 15 Stück

Für die Basilikumbällchen

1/2 Bund Basilikum
2 EL Joghurt
200 g Doppelrahmfrischkäse
Salz | Pfeffer
10 Radieschen

Für die Meerrettich-Bällchen

1 Bund Schnittlauch
2 rote Zwiebeln
1 EL Meerrettich (aus dem Glas)
1 TL frisch gepresster Zitronensaft
200 g Doppelrahmfrischkäse
Salz | Pfeffer

Für die Olivenbällchen

je 5 grüne und schwarze Oliven ohne Stein
1 Zweig Rosmarin
2 Zweige (Zitronen-) Thymian
1 Msp. abgeriebene Bio-Orangenschale
200 g Ziegenfrischkäse
Salz | Pfeffer

1 Für die Basilikumbällchen das Basilikum waschen, trocken schütteln, Blättchen abzupfen und zusammen mit dem Joghurt mit dem Pürierstab fein pürieren (**Bild 1**). Mit einer Gabel gut unter den Frischkäse mengen und mit Salz und Pfeffer würzen. Die Radieschen waschen, putzen und in winzige Würfelchen schneiden. Frischkäse mit zwei Teelöffeln erst zu Nocken (**Bild 2**), dann mit den Händen zu Bällchen formen und in den Radieschen wälzen (**Bild 3**).

2 Für die Meerrettichbällchen den Schnittlauch waschen, trocken schütteln und in feine Röllchen schneiden. Die Zwiebeln schälen und möglichst winzig würfeln. Meerrettich und Zitronensaft gut unter den Frischkäse rühren und salzen und pfeffern. Schnittlauch und Zwiebeln mischen. Aus dem Frischkäse wie oben beschrieben Bällchen formen und in der Schnittlauch-Zwiebelmischung wälzen.

3 Für die Olivenbällchen die Oliven möglichst fein hacken. Rosmarin waschen und trocken schütteln. Die Nadeln fein abstreifen und hacken. Den Thymian waschen, trocken schütteln, Blättchen abstreifen und fein hacken. Oliven, gehackte Kräuter und Orangenschale gut unter den Frischkäse mengen und mit Salz und Pfeffer würzen. Aus dem Frischkäse wie oben beschrieben Bällchen formen.

Clever anrichten

Besonders hübsch sehen die Bällchen aus, wenn man sie kurz vor dem Servieren auf **Salzkräcker, Pumpernickeltaler** oder aber auf dicke **Gurkenscheiben** oder halbierte **große Kirschtomaten** setzt. Oder ungewöhnlich und fein: Legen Sie die Olivenbällchen auf **Melonenwürfel** und stecken sie mit einem **Holzspießchen** fest.

Käse-Schicht-Terrine

macht was her | *Zubereitung: ca. 25 Min.*
Kühlen: 2 Std. | *Bei 8 Personen pro Portion: ca. 220 kcal*

Für 1 runde Form (Ø ca. 15 cm)

250 g fester und 200 g reifer Camembert
100 g Frischkäse | 150 g Quark (20 % Fett)
6 EL Preiselbeerkompott | 1 TL Meerrettich (aus dem Glas) | 1 Bund Schnittlauch
1 Birne | 1 EL frisch gepresster Zitronensaft
Salz | Pfeffer

1 Die Form mit Frischhaltefolie auslegen. Den festen Camembert in 1/2 cm dicke Scheiben schneiden. Den reifen Camembert grob zerschneiden, mit einer Gabel zermusen und mit Frischkäse, Quark, Preiselbeerkompott und Meerrettich verrühren. Schnittlauch waschen und trocken schütteln und in Röllchen schneiden. Die Birne waschen, abtrocknen und fein würfeln, dabei das Kerngehäuse entfernen. Sofort mit Zitronensaft mischen und mit zwei Dritteln der Schnittlauchröllchen unter die Camembertcreme heben. Mit Salz und Pfeffer abschmecken.

2 Die Form mit einem Drittel der Camembertscheiben auslegen, die Hälfte der Käsecreme einfüllen, zweites Drittel Camembertscheiben darauf legen, übrige Creme darauf glatt streichen und mit den restlichen Käsescheiben abdecken. Folie darüber schlagen, leicht festdrücken und mind. 2 Std. kühl stellen. Die Terrine auf eine Platte stürzen, die Folie entfernen und mit den übrigen Schnittlauchröllchen bestreuen.

Roquefort-Creme

Deftiges für Käsefans
Zubereitung: 25 Min. | *Pro Portion: ca. 275 kcal*

Für 6 Personen

250 g reifer Roquefort-Käse
70 g Sahne
100 g fettarmer Frischkäse
5 getrocknete Feigen
2 EL Cognac (nach Belieben)
2 Stangen Staudensellerie
40 g Haselnussblättchen
grob gemahlener Pfeffer

1 Den Käse grob zerschneiden, dann mit der Sahne mithilfe einer Gabel fein zermusen und den Frischkäse gut unterrühren.

2 Feigen klein würfeln und nach Belieben mit dem Cognac mischen. Sellerie waschen und putzen, längs halbieren oder dritteln, dann in kleine Würfelchen schneiden.

3 Die Haselnussblättchen in einer Pfanne ohne Fett rösten, bis sie hellbraun sind. Herausnehmen, abkühlen lassen und einige davon zur Dekoration beiseitestellen. Den Rest mit den Feigen und dem Sellerie unter die Käsecreme mischen und mit Pfeffer würzen. Die Creme möglichst noch einige Zeit kühl stellen und vor dem Servieren mit den übrigen Haselnussblättchen bestreuen.

Clever tauschen

Statt Roquefort geht natürlich auch **Gorgonzola** oder ein anderer weicher, reifer **Blauschimmelkäse,** und statt Frischkäse kann man **Mascarpone** nehmen.

oben: Käse-Schicht-Terrine | unten: Roquefort-Creme

Käseplatte mit Traubensenf

edel | *Zubereitung: 1 Std. 15 Min.* | *Bei 8 Personen pro Portion: ca. 440 kcal*

Für 6–8 Personen

Für den Traubensenf:

500 g blaue Trauben
150 ml roter Traubensaft
50 ml Weißweinessig
150 g Zucker
2 TL Senfpulver
1 EL Grappa (nach Belieben)
Salz | Pfeffer

Für die Käseplatte:

5–6 verschiedene Sorten eher milder Käse (z. B. 1 kleiner Ziegenfrischkäse, je ein Weichkäse wie Brie oder Camembert, 1 Stück Emmentaler oder Gouda, 1 milder Blauschimmelkäse oder milder Rotschimmelkäse wie z. B. Chaumes)

Außerdem:

weiße und blaue Trauben

1 Für den Traubensenf die Trauben von den Stielen zupfen, waschen, halbieren und die Kerne entfernen. Die Trauben mit dem Saft, Essig und Zucker in einem Topf verrühren. Zum Kochen bringen und bei kleiner Hitze ca. 50 Min. zugedeckt köcheln lassen.

2 Die Trauben vom Herd nehmen und mit dem Pürierstab pürieren. Etwas Traubenpüree abnehmen und mit dem Senfpulver und nach Belieben Grappa glatt rühren. Dann unter das Traubenpüree im Topf rühren und nochmals 10 Min. offen bei kleiner Hitze köcheln lassen. Mit Salz und Pfeffer würzen und abkühlen lassen.

3 Den Traubensenf in ein Schälchen füllen, die Käsestücke ca. 45 Min. vor dem Servieren aus dem Kühlschrank nehmen (Käse sollte Zimmertemperatur haben – nur so entfaltet er sein volles Aroma) und auf einer großen Platte mit dem Traubensenf anrichten. Trauben waschen, abtrocknen und in kleinen Zweigen zwischen den Käse legen.

Käseplatten-Variante

Fürs abendliche Büfett darf es ruhig etwas kräftiger sein. Auch hier rechnet man ca. 125 g Käse pro Person. Jetzt passt Blauschimmelkäse wie Gorgonzola oder Roquefort, intensiver Rotschimmelkäse wie Münster oder Romadur, reifer Ziegenkäse wie Crottin oder der in Asche gewälzte Sainte-Maure und würzige Hartkäsesorten, wie z. B. Greyerzer, Bergkäse, Manchego oder Pecorino oder auch der etwas weichere französische Tomme de Savoie. Die Gorgonzola-Creme, der Schichtcamembert (beides siehe Seite 33) oder die Käsebällchen (siehe Seite 31) runden das Ganze noch ab. Als Deko passen abends auch mal Salzstangen und Zwiebelringe.

Matjes-Apfel-Tatar

fürs Katerfrühstück | *Zubereitung: ca. 25 Min.* | *Ziehen: 30 Min.* | *Bei 6 Personen pro Portion: ca. 225 kcal*

Für 4–6 Personen

3 Matjesfilets (à etwa 150 g)
1 kleine rote Zwiebel
2 Gewürzgurken
1 EL Kapern
3 EL Zitronensaft
1 EL Weißweinessig
1 TL Senf
Salz | Pfeffer
1 kleiner Apfel

1 Die Matjesfilets kalt abspülen, trocken tupfen und in möglichst feine Würfel schneiden. Die Zwiebel schälen und mit den Gewürzgurken fein würfeln, die Kapern fein hacken, alles vorsichtig mischen.

2 Zitronensaft, Essig und Senf gut verrühren und mit Salz und Pfeffer würzen. Den Apfel waschen und kleine Würfelchen schneiden, dabei das Kerngehäuse entfernen. Sofort mit der Marinade unter das Matjestatar mischen. Möglichst noch 30 Min. durchziehen lassen.

Clever anrichten

Für **Matjeshäppchen** können Sie 2 vorgegarte Rote Bete in ca. 20 dünne Scheiben schneiden. Darauf jeweils etwas von dem Tatar geben. Aus 125 g Schmand, 1 Msp. abgeriebener Schale von 1 Bio-Zitrone, 1/2 TL Senf und 2 EL gehacktem Dill eine Creme anrühren. Mit Salz, Pfeffer und etwas Zucker abschmecken. Jeweils einen kleinen Klecks auf das Tatar geben und mit Dillzweiglein dekorieren.

Gefüllte Lachsbällchen auf Rucola

rundum edel | *Zubereitung: ca. 30 Min.* | *Pro Stück: ca. 155 kcal*

Für 16 Stück

1 Stück Salatgurke (ca. 150 g)
2 Bund Rucola
2 TL Kapern (nach Belieben)
300 g Doppelrahmfrischkäse
100 g Joghurt | 1 Msp. abgeriebene Bio-Zitronenschale
1 EL Zitronensaft
Salz | Pfeffer
edelsüßes Paprikapulver
16 Scheiben Räucherlachs (ca. 2 Packungen à 250 g)

Clever servieren

Hübsch sehen die Bällchen auch aus, wenn man sie einzeln jeweils in ein **Kopfsalatblatt** legt.

1 Die Gurke schälen und längs halbieren. Mit einem Teelöffel die Kerne entfernen und fein würfeln. Den Rucola waschen, trocken tupfen und verlesen. Ca. 20 Rucolablättchen fein hacken, weitere 16 schöne für die Garnitur beiseitelegen und den Rest auf einer Platte auslegen. Nach Belieben noch die Kapern abtropfen lassen und fein hacken.

2 Frischkäse mit Joghurt, Zitronenschale und -saft glatt rühren. Gurke, gehackten Rucola und Kapern unterheben und mit Salz, Pfeffer und edelsüßem Paprika pikant abschmecken.

3 Jeweils 1 Lachsscheibe vorsichtig in die Wölbung eines Esslöffels legen, so dass sie den Löffel überlappt. Dann mit zwei Teelöffeln 16 Nocken vom Frischkäse stechen und zu Bällchen formen. Je 1 Bällchen auf eine Lachsscheibe legen und den überhängenden Lachs oben über dem Bällchen zusammenschlagen und leicht festdrücken. Mit dieser Seite nach unten auf das Rucolabett legen. So insgesamt 16 Bällchen formen und mit je 1 Blättchen Rucola verzieren.

Pilz-Käse-Omelett

macht super satt | *Zubereitung: 1 Std. 15 Min.*
Pro Portion: ca. 320 kcal

Für 4 Personen

6 Eier | 8 EL Milch | 60 g frisch geriebener Parmesan | Salz | Pfeffer | 500 g braune Champignons | 1 Zwiebel | 50 g Frühstücksspeck | 1 kleiner Zweig Rosmarin | 6 Stängel Petersilie | Butterschmalz zum Braten

1 Für die Omeletts die Eier mit Milch, Parmesan, Salz und Pfeffer gut mit dem Schneebesen schaumig verquirlen.

2 Die Champignons abreiben, putzen und in Scheiben schneiden. Zwiebel schälen und fein hacken, den Speck in kleine Würfel schneiden. Rosmarin und Petersilie waschen, Nadeln und Blättchen abzupfen und getrennt fein hacken.

3 In einer Pfanne 2 EL Butterschmalz erhitzen, darin Speck und Zwiebeln anbraten. Pilze und Rosmarin dazugeben, salzen und pfeffern. Offen bei mittlerer Hitze 8–10 Min. braten, bis fast alle Flüssigkeit verdunstet ist, dann die Petersilie unterrühren, warm halten.

4 Etwas Schmalz in einer kleinen Pfanne erhitzen, ein Viertel der Eiermasse hineingießen. Deckel auflegen und bei kleiner Hitze in 2–4 Min. stocken lassen. Etwas Pilzmasse daraufgeben, zusammenklappen und auf einen Teller legen. So nacheinander drei weitere Omeletts backen.

Krabben-Rührei

nordisch fein
Zubereitung: ca. 20 Min. | *Pro Portion: ca. 230 kcal*

Für 4 Personen

6 große Eier | Salz
Pfeffer | edelsüßes Paprikapulver
150 g vorgegarte Eismeerkrabben
4 EL Sahne | 6 Stängel Dill | 2 EL Butter

1 Die Eier mit Salz, Pfeffer und edelsüßem Paprikapulver kräftig mit dem Schneebesen verrühren.

2 Die Krabben in die Sahne geben. Den Dill waschen, trocken schütteln, fein hacken und unter die Krabbensahne mischen.

3 Die Butter in einer mittelgroßen, beschichteten Pfanne schmelzen. Wenn sie zu schäumen beginnt, die Eiermasse hineingießen. Mit einem Holzlöffel leicht rühren. Sobald das Ei zu stocken beginnt, die Krabbensahne in die Pfanne gießen. Die Eiermasse nun immer wieder mit dem Löffel zusammenschieben, bis sie fast vollständig gestockt ist. Das Ei sollte aber noch feucht und weich sein, wenn Sie es servieren. Dazu passt frischer Buttertoast oder Brioche.

Clever tauschen

Wie wär's statt mit Krabben mal mit **Schinken-Rührei**? Dazu 120 g mageren, gekochten Schinken anstelle der Krabben verwenden und den Dill durch 2 EL Schnittlauchröllchen ersetzen.

oben: Pilz-Käse-Omelett | unten: Krabben-Rührei

Heidelbeer-Pancakes

fluffig-leicht | *Zubereitung: 40 Min.* | *Quellen: 1 Std.* | *Pro Portion: ca. 560 kcal*

Für 4 Personen

50 g Butter
2 Eier
250 ml Milch
50 g saure Sahne
250 g Mehl
1 Päckchen Vanillezucker
Salz
450 g Heidelbeeren (frisch oder TK)

Außerdem:

Butterschmalz zum Braten
Ahornsirup zum Übergießen oder Puderzucker zum Bestäuben

1 Die Butter in einer Pfanne schmelzen und leicht bräunen lassen, vom Herd nehmen und abkühlen lassen.

2 Die Eier trennen. Eigelbe mit der abgekühlten Butter, Milch, saurer Sahne, Mehl, Vanillezucker und 1 Prise Salz mit dem Schneebesen zu einem glatten Teig verrühren. Den Teig zugedeckt 1 Std. quellen lassen.

3 Die Heidelbeeren waschen und verlesen, TK-Beeren auftauen lassen. Die Eiweiße steif schlagen und vorsichtig unter den Teig heben.

4 In einer Pfanne ca. 1 EL Butterschmalz erhitzen. Ca. 1 EL Teig hineingeben und zu einem ca. 8 cm großen Plätzchen glatt streichen. Sofort ein paar Heidelbeeren auf den noch flüssigen Teig geben. In ca. 2 Min. von einer Seite backen, dann wenden und die andere Seite in 2–3 Min. fertig braten. So nacheinander den ganzen Teig und die Beeren aufbrauchen. Fertige Pancakes evtl. im Backofen (bei ca. 60°) warm halten. Zum Servieren auf Teller verteilen und mit Ahornsirup begießen oder mit Puderzucker dick überstäuben.

Bananenvariante

Statt Heidelbeeren schmecken **Bananen** ebenfalls toll. Dazu 2 große Bananen in dünne Scheiben schneiden, mit etwas Zitronensaft beträufeln und anstelle der Heidelbeeren in den Teig geben. Besonders lecker wird's, wenn man den Teig dann statt mit Vanillezucker mit 2 Prisen **Zimtpulver** oder gemahlenem **Kardamom** würzt. Wer will, kann dann auch **Zimtzucker** über die fertigen Küchlein streuen.

Cranberry-Schoko-Muffins

mit Schwips | *Zubereitung: ca. 35 Min.* | *Marinieren: 12 Std.* | *Backen: ca. 25 Min.* | *Pro Stück: ca. 330 kcal*

Für 1 Muffinsblech (12 Mulden)

100 g getrocknete Cranberrys | Mark von 1 Vanilleschote | 100 ml Kirschwasser
100 g Zartbitterschokolade | 100 ml Milch
150 g Mehl | 100 g geschälte, gemahlene Mandeln | 2 TL Backpulver
100 g weiche Butter | 2 Eier | 100 g Zucker
100 g Crème fraîche | Fett für die Form

1 Cranberrys grob hacken und mit Vanillemark und Kirschwasser mischen. Zugedeckt, am besten über Nacht, durchziehen lassen.

2 Die Schokolade zerbröckeln und in der Milch bei kleiner Hitze schmelzen, abkühlen lassen. Den Backofen auf 180° vorheizen. Das Muffinsblech ausfetten.

3 Das Mehl mit Mandeln und Backpulver mischen. Die Butter mit dem Handrührgerät cremig rühren, dann nacheinander Eier und Zucker unterrühren und zum Schluss die Crème fraîche zugeben. Die Mehlmischung mit den Cranberrys zügig unterheben und den Teig in die Muffinsmulden verteilen. Im vorgeheizten Ofen (Mitte, Umluft 160°) in 20–25 Min. backen. Aus dem Ofen nehmen, leicht abkühlen lassen, dann die Muffins aus der Form lösen und auf einem Kuchengitter abkühlen lassen.

Pikante Zwiebel-Muffins

deftig | *Zubereitung: ca. 30 Min* *Backen: ca. 25 Min.* | *Pro Stück: ca. 185 kcal*

Für 1 Muffinsblech (12 Mulden)

2 große rote Zwiebeln (ca. 200 g)
3 Zweige frischer Thymian | 100 ml neutrales Öl (z. B. Sonnenblumenöl) | 250 g Mehl
2 TL Backpulver | Salz | Pfeffer | 2 Eier
200 g saure Sahne | Fett für die Form

1 Zwiebeln schälen, halbieren und längs in feine Streifen schneiden. Thymian waschen, trocken schütteln, Blättchen abzupfen und grob hacken. 2 EL Öl in einer Pfanne erhitzen und die Zwiebeln darin hellbraun anbraten. Thymian unterrühren.

2 Backofen auf 180° vorheizen. Das Muffinsblech ausfetten. Mehl mit Backpulver, ca. 1 TL Salz und Pfeffer mischen. Die Eier in einer Schüssel mit der sauren Sahne und übrigem Öl gut verquirlen. Dann zügig die Mehlmischung und die Zwiebeln unterrühren.

3 Den Teig in die Mulden verteilen. Im Ofen (Mitte, Umluft 160°) in 20–25 Min. backen. Herausnehmen, leicht abkühlen lassen, dann die Muffins aus der Form lösen und auf einem Kuchengitter abkühlen lassen.

Clever servieren

Die Muffins schmecken super mit dem **Tomaten-Basilikum-Frischkäse** (siehe Seite 29) oder den **Käsebällchen** (siehe Seite 31).

vorne: Pikante Zwiebel-Muffins | hinten: Cranberry-Schoko-Muffins

Amaretto-Waffeln
mit Cappuccinocreme

fürs Dolce Vita | *Zubereitung: ca. 30 Min.* | *Backen: ca. 25 Min.* | *Pro Stück: ca. 765 kcal*

Für 8 Stück

Für die Cappuccinocreme:

100 g Zartbitterschokolade
2 TL Instant-Kaffeepulver
250 g Mascarpone
250 g Magerquark
1 Msp. Zimtpulver
5 EL Zucker

Für die Waffeln:

200 g weiche Butter
175 g Zucker
2 Eier
150 g Crème fraîche
1 TL Zimtpulver
200 g Mehl
100 g Amarettini (italienische Mandelmakronen)

Außerdem:

1 Waffeleisen
Öl für das Waffeleisen

1 Für die Cappuccinocreme die Schokolade zerbröckeln und im Wasserbad bei mittlerer Hitze schmelzen und leicht abkühlen lassen. Inzwischen das Kaffeepulver mit 2–3 EL heißem Wasser verrühren, bis es sich vollständig aufgelöst hat. Mascarpone, Magerquark, Zimt, Zucker und den Kaffee miteinander glatt rühren. Dann die abgekühlte Schokolade unterrühren.

2 Für die Waffeln die Butter in Stücke schneiden und mit dem Zucker mit dem Handrührgerät cremig rühren, dann die Eier nacheinander ebenfalls unterrühren. Crème fraîche und Zimtpulver dazugeben und alles schön schaumig schlagen. Dann das Mehl vorsichtig unter die Teigmasse rühren. Die Amarettini in einen Gefrierbeutel geben und mit dem Nudelholz grob zerkleinern.

3 Das Waffeleisen dünn mit Öl einfetten, zuklappen und nach Gebrauchsanweisung vorheizen. In dieser Zeit die Amarettinibrösel gut unter den Teig rühren. Sobald das Waffeleisen aufgeheizt ist, ca. 2 EL Teig in die Mitte der unteren Backfläche geben und das Waffeleisen schließen. Die Waffel in 2–3 Min. goldbraun backen, dann aus dem Waffeleisen lösen und auf ein Kuchengitter zum Abkühlen legen. So nacheinander alle Waffeln backen und möglichst noch warm mit der Cappuccinocreme servieren.

Clever servieren

Wer möchte, überstäubt Waffeln und Creme noch mit **Kakaopulver** oder streut **Mokkaschokoladenböhnchen** darüber. Auch lecker: ein paar frische **Himbeeren** oder **Erdbeeren** dazu servieren.

Heiße Brunch-Ideen

Fast schon ein kleines Mittagessen, so ein üppiger Brunch – aber wer sagt eigentlich, dass so ein Mittagsimbiss nicht auch mal süß sein kann?

Pfirsich-Crumble

heiß & fruchtig | *im Bild links*
Zubereitung: 20 Min. | *Backen: 35 Min.* | *Pro Portion: ca. 410 kcal*

Für 6 Personen

750 g reife Pfirsiche
1 Päckchen Vanillezucker
150 g Mehl
100 g brauner Zucker
1/4 TL gemahlener Kardamom
1/4 TL Zimtpulver
80 g kalte Butter
100 g Mandelblättchen

Außerdem:

Butter für die Form

1 Die Haut der Pfirsiche kreuzweise einschneiden. Die Pfirsiche mit kochendem Wasser überbrühen, anschließend häuten, vierteln und entkernen. Eine ofenfeste Form ausfetten, die Pfirsiche darin auslegen und mit Vanillezucker bestreuen.

2 Den Backofen auf 200° vorheizen. Mehl, Zucker und die Gewürze mischen. Die Butter in Flöckchen darauf verteilen, dann mit den Händen zu Krümeln kneten, Mandeln dazugeben und rasch zu Streuseln kneten, dann auf den Pfirsichen verteilen. Im heißen Ofen (Mitte, Umluft 180°) in 30–35 Min. goldbraun backen. Warm, am besten mit Vanillesauce (siehe Seite 49) servieren.

Apfelauflauf
mit Vanillesauce

für Süßschnäbel | *Zubereitung: 25 Min.* | *Backen: 45 Min.* | *Bei 8 Personen pro Portion: ca. 450 kcal*

Für 1 Tarteform (Ø 24 cm)

Für den Auflauf:

300 g Rosinenstuten
1 kg Äpfel
50 g Butter
500 ml Milch
1 Päckchen Vanillezucker
4 Eier
100 g Zucker
1 EL Mehl
1 TL Zimtpulver
100 g Himbeeren
4 EL Mandelblättchen

Für die Vanillesauce:

1 Vanilleschote
500 ml Milch
2 frische Eier
3 EL Zucker
1 EL Speisestärke

1 Den Rosinenstuten in 1 cm dicke Scheiben schneiden und diese nochmals halbieren. Die Äpfel schälen und in Spalten schneiden, dabei das Kerngehäuse entfernen. Den Backofen auf 175° vorheizen. Die Tarteform mit 1 EL Butter einfetten.

2 Die Hälfte der Milch mit Vanillezucker verrühren. Darin die Stutenscheiben ca. 3 Min. einweichen. Inzwischen übrige Milch, Eier, Zucker, Mehl und Zimt verquirlen. Apfelspalten und Stutenscheiben abwechselnd in die Form schichten. Die Himbeeren waschen, trocken tupfen und dazwischen verteilen, die Mandelblättchen darüberstreuen und Eiermilch darüber gießen. Die übrige Butter in Flöckchen darauf verteilen und im heißen Ofen (Mitte, Umluft 150°) in ca. 45 Min. goldgelb backen.

3 Inzwischen für die Vanillesauce die Vanilleschote aufschlitzen und das Mark mit einem spitzen Messer herauskratzen. Mark und Schote mit 450 ml Milch in einem Topf bei mittlerer Hitze ca. 5 Min. leicht kochen lassen. Übrige Milch, Eier, Zucker und Stärke verquirlen. In die Milch rühren, einmal aufkochen lassen, dabei kräftig rühren. Vom Herd nehmen und abkühlen lassen, vor dem Servieren die Vanilleschote herausfischen.

Clever tauschen

Statt Rosinenstuten gehen natürlich auch **Rosinenbrötchen.** Und wer keine Rosinen mag, greift zu **Briochebrötchen.**

Ofenkartöffelchen

mit Avocadodip

leckere Sattmacher | *Zubereitung: 25 Min.* | *Backen: 50 Min.* | *Bei 6 Personen pro Portion: ca. 395 kcal*

Für 4–6 Personen

Für die Ofenkartoffeln:

1 Zweig Rosmarin
1,2 kg kleine fest kochende Kartoffeln
5 EL Olivenöl
2 EL Sesam
1 EL Schwarzkümmel
2 EL Kümmelsamen
grobes Meersalz

Für den Avocadodip:

2 reife Avocados
2 EL frisch gepresster Limettensaft
3 Frühlingszwiebeln
200 g Frischkäse
Salz | Pfeffer
3/4 TL gemahlener Kreuzkümmel
1 Fleischtomate

1 Den Backofen auf 200° vorheizen. Den Rosmarin waschen, trocken schütteln, Nadeln abzupfen und hacken. Kartoffeln in kaltem Wasser mit einer Bürste abschrubben, dann halbieren. Ein Backblech mit 2 EL Öl einfetten.

2 Die Schnittflächen der Kartoffeln mit übrigem Öl bepinseln. Auf ein Drittel der Kartoffeln Rosmarin, auf das zweite Drittel gemischt Sesam und Schwarzkümmel streuen und auf den Rest Kümmel. Alle Kartoffeln mit ca. 2 EL Meersalz würzen. Dann die Kartoffeln mit der Schnittfläche nach unten auf das Blech legen. Das Blech in den vorgeheizten Ofen schieben (Mitte, Umluft nicht empfehlenswert) und ca. 45–50 Min. garen.

3 Inzwischen die Avocados halbieren, Kerne entfernen, das Fruchtfleisch mit einem Löffel herauskratzen, mit einer Gabel zermusen und mit Limettensaft verrühren. Frühlingszwiebeln waschen, putzen und mit dem Grün in feine Ringe schneiden. Mit dem Frischkäse unter das Avocadomus rühren und mit Salz, Pfeffer und Kreuzkümmel würzen. Die Tomate waschen, vierteln, Stielansatz und Kerne entfernen und klein würfeln. Kurz vor dem Servieren unter den Dip heben und mit den heißen Kartoffeln servieren.

Clever variieren

Ofenkartoffeln schmecken nicht nur mit Avocadodip prima. Auch **Radieschen- oder Olivenbutter** (siehe Seite 27) und die bunten **Käsebällchen** (siehe Seite 31) lassen sich prima dazu servieren.

Gefüllte Champignons

macht was her | *Zubereitung: 40 Min.* | *Backen: 25 Min.* | *Pro Stück: ca. 110 kcal*

Für 12 Stück

12 große Champignons (à ca. 50–60 g)
80 g Frühstücksspeck
150 g Lauch | 2 Eier
2 EL Crème fraîche
120 g geriebener Emmentalerkäse
Salz | Pfeffer
frisch geriebene Muskatnuss

Außerdem:

Öl zum Braten und Bestreichen

1 Die Pilze abreiben und putzen. Die Stiele vorsichtig herausdrehen und fein hacken. Den Speck sehr fein würfeln. Den Lauch längs halbieren, waschen, dann erst längs in dünne Streifen und diese dann in kleine Stückchen schneiden.

2 In einer Pfanne 3 EL Öl heiß werden lassen, darin den Speck kurz anbraten, dann Pilzstiele und Lauch zugeben und unter Rühren 1–2 Min. weiterbraten. Abkühlen lassen.

3 Inzwischen die Pilzköpfe mit Öl bepinseln und mit der Wölbung nach unten, nebeneinander auf ein mit Backpapier ausgelegtes Blech setzen.

4 Den Ofen auf 200° vorheizen. Die Eier gut verquirlen und Crème fraîche und Käse gut unterrühren. Die Pilz-Lauch-Masse unterrühren und mit Salz, Pfeffer und Muskatnuss würzen. Die Masse gleichmäßig in den Champignonköpfen verteilen und im vorgeheizten Ofen (Mitte, Umluft nicht empfehlenswert) in 20–25 Min. backen. Die Pilze schmecken warm und kalt.

Vegetarische Variante

Für 12 Pilze | **1 kleinen Zucchino** waschen, putzen und mit den Pilzstielen fein würfeln. In **3 EL Olivenöl** mit 1 durchgepressten **Knoblauchzehe** und den gehackten Blättchen von **2 Stängeln Thymian** 3 Min. braten. Abkühlen lassen. **1 EL Mascarpone** mit **1 Ei** und **50 g geriebenem Parmesan** mischen. Die Pilz-Zucchini-Masse gut damit verrühren und mit **Salz, Pfeffer** und **edelsüßem Paprikapulver** würzen. Die Masse wie beschrieben in die Pilzhüte füllen und im Backofen backen.

1

2

3

Schinkenhörnchen

frisch am besten | *Zubereitung: ca. 30 Min.* | *Gehen: ca. 75 Min.* | *Backen: 15 Min.* | *Pro Stück: ca. 165 kcal*

Für 16 Stück

1/2 Würfel Hefe (ca. 21 g)
1/2 TL Zucker
500 g Mehl (Type 405) | Salz
8 Scheiben gekochter Schinken (ca. 200 g)
150 g Appenzeller Käse
1 Eigelb | 3 EL Milch

Außerdem:

Mehl zum Arbeiten

1 Die Hefe zerbröckeln und mit dem Zucker und 4 EL lauwarmem Wasser mischen, 15 Min. gehen lassen. Inzwischen Mehl mit 1 TL Salz mischen. Den Hefeansatz und ca. 250 ml lauwarmes Wasser zugeben und mit den Knethaken des Handrührgeräts zu einem geschmeidigen Teig kneten. Zugedeckt 30 Min. gehen lassen.

2 Schinkenscheiben halbieren, den Käse reiben. Den Teig durchkneten und halbieren. Daraus auf einer bemehlten Arbeitsfläche je 2 Kreise von ca. 35 cm Ø ausrollen und diagonal in 8 Dreiecke schneiden (**Bild 1**).

3 Den Backofen auf 220° vorheizen. Auf die breite Seite der Dreiecke je 1/2 Schinkenscheibe legen, etwas Käse darüber streuen (**Bild 2**). Dann zur Spitze hin aufrollen und zum Hörnchen biegen (**Bild 3**). Auf zwei mit Backpapier ausgelegte Bleche legen und 30 Min. gehen lassen. Eigelb mit Milch verquirlen und die Hörnchen damit bestreichen. Dann im heißen Ofen (Mitte, Umluft 200°) in ca. 15 Min. goldgelb backen.

Variante – Italienische Füllung

Einfach zusätzlich je knapp **1/2 TL fertiges Pesto** aus dem Glas auf dem Schinken verstreichen. Oder statt gekochtem Schinken **Parmaschinken** verwenden. Wer will, kann auch etwas fertig gewürzte **Tomatensauce** aus dem Tetrapak nehmen und damit das untere, breite Drittel des Teiges bestreichen. Darauf dann einfach **2–3 Basilikumblättchen** legen und evtl. noch **1 TL geriebenen Parmesan** darüber streuen oder **1/2 in Öl eingelegtes Sardellenfilet** darauf legen. Hier aber grundsätzlich immer darauf achten, dass die Hörnchen fest aufgerollt sind, sonst kann die Füllung auslaufen.

Variante – Kräuterquark-Füllung

Hierfür **250 Magerquark** gut mit **1 Ei** verrühren. **1 Bund Schnittlauch** oder **1 Bund gemischte Kräuter,** wie Schnittlauch, Petersilie, Dill oder Kerbel, waschen, trocken schütteln und fein hacken. Mit dem Quark verrühren und mit **Salz, Pfeffer, edelsüßem Paprikapulver** und etwas **gemahlenem Kümmel** würzen. Davon jeweils etwas mit einem Teelöffel in die Mitte des breiten Endes der Teigdreiecke legen. Teig einmal darüberrollen, dann die Seitenränder gut zusammendrücken, anschließend weiter zur Spitze aufrollen.

Thunfisch-Blätterteig-Täschchen

orientalisch würzig | *Zubereitung: ca. 40 Min.* | *Backen: ca. 20 Min.* | *Pro Stück: ca. 205 kcal*

Für 12 Stück

6 große Scheiben TK-Blätterteig (500 g)
2 Dosen Thunfisch im eigenen Saft (à 135 g Abtropfgewicht)
6 grüne Oliven ohne Stein
3 in Öl eingelegte getrocknete Tomaten | 1 große Tomate
je 8 Stängel Koriandergrün und glatte Petersilie
1/2 TL gemahlener Kreuzkümmel | 1/2 TL edelsüßes Paprikapulver | 1/4 TL Kurkumapulver | Salz | Pfeffer | 1 Eigelb

Außerdem:

Sesam zum Bestreuen (nach Belieben)

1 Die Blätterteigscheiben nebeneinander legen und auftauen lassen. Inzwischen den Thunfisch in ein Sieb abgießen, ausdrücken und mit einer Gabel fein zerzupfen. Oliven und eingelegte Tomaten fein hacken. Die Tomate waschen, vierteln, entkernen und dann fein würfeln. Koriandergrün und Petersilie waschen, trocken schütteln, Blättchen abzupfen und fein hacken (es sollten je ca. 2 EL sein).

2 Den Backofen auf 180° vorheizen. Alle Zutaten mischen und gut mit den Gewürzen vermengen. Das Eigelb mit 3 EL Wasser verquirlen. Die Teigplatten halbieren. Dann jeweils etwas von der Thunfischfüllung auf 1 Teigquadrat geben. Die Teigränder mit wenig Eigelb bepinseln, zum Dreieck falten und die Ränder gut mit den Finger festdrücken.

3 Die Täschchen auf ein mit Backpapier ausgelegtes Backblech legen und mit übrigem Eigelb bepinseln. Im vorgeheizten Ofen (Mitte, Umluft 160°) in ca. 20 Min. goldgelb backen. Herausnehmen und lauwarm oder kalt servieren.

Frühlingsröllchen aus dem Ofen

asiatisch ganz easy | *Zubereitung: ca. 1 Std. 30 Min.* | *Pro Stück: ca. 190 kcal*

Für 10 Stück

1 große Möhre | 250 g Lauch
250 g Zuckerschoten
2 Frühlingszwiebeln
250 g Shiitakepilze oder Champignons
1 Stück frischer Ingwer (ca. 4 cm)
2 Knoblauchzehen
3 EL Sojasauce
2 EL Sherry (ersatzweise Orangensaft)
1/2 TL Sambal oelek
Salz | Pfeffer
600 g Yufka-Teig (5 runde Blätter)

Außerdem:

Öl zum Braten und Bestreichen

1 Gemüse schälen bzw. waschen und putzen. Möhre und Lauch in feine ca. 5 cm lange Stifte schneiden, Zuckerschoten längs in dünne Streifen und Frühlingszwiebeln mit dem Grün in feine Ringe schneiden. Pilze abreiben (bei den Shiitake Stiele entfernen) und in dünne Streifen schneiden. Ingwer und Knoblauch schälen und fein hacken.

2 Ca. 4 EL Öl in einem Wok erhitzen. Gemüse, Ingwer und Knoblauch darin unter Rühren ca. 3 Min. braten. Sojasauce, Sherry und Sambal oelek zugeben, weitere 2 Min. braten. Salzen, pfeffern, Frühlingszwiebeln zugeben, abkühlen lassen. Ofen auf 200° vorheizen. Teigblätter einzeln auslegen und vierteln. Jedes Viertel mit Öl bestreichen, ein zweites darauflegen, ebenfalls mit wenig Öl bestreichen. 1/10 der Gemüsemasse auf den breiten Teil eines Teigviertels legen. Seiten einklappen, zur Spitze hin aufrollen. Rolle mit Öl bestreichen, auf ein Backblech setzen. Teig und Füllung komplett so verarbeiten. Röllchen im vorgeheizten Ofen (unten, Umluft 180°) in 20–25 Min. knusprig braun backen. Warm servieren.

Bärlauchfilet
im Blätterteig

frühlingsfein | *Zubereitung: ca. 30 Min.* | *Backen: ca. 20 Min.* | *Pro Portion: ca. 370 kcal*

Für 6 Personen

300 g TK-Blätterteig
100 g Bärlauch
2 Frühlingszwiebeln
500 g Schweinefilet
(ein möglichst gleichmäßig dickes Stück)
Salz | Pfeffer
2 EL Sonnenblumenöl
frisch geriebene Muskatnuss
1 1/2 TL Senf
4 Scheiben gekochter Schinken
1 EL Crème fraîche
1 Ei (Größe S)

Außerdem:

Mehl für die Arbeitsfläche

Besonders clever

Keine Bärlauchsaison? Dann einfach **2 EL Crème fraîche, 1 TL Senf,** und **3 EL Bärlauchpesto** verrühren. Vorsichtig mit **Salz** und **Pfeffer** abschmecken und wie beschrieben auf dem Schinken verteilen.

1 Die Blätterteigplatten nebeneinander auslegen und auftauen lassen. Inzwischen Bärlauch waschen, Stängel abschneiden, dann fein schneiden. Frühlingszwiebeln waschen und putzen und in Ringe schneiden.

2 Das Schweinefilet trocken tupfen und mit Salz und Pfeffer würzen. Das Öl in einer Pfanne erhitzen und das Filet darin in 2–3 Min. bei großer Hitze rundherum braun anbraten, aus der Pfanne nehmen. Öl wieder heiß werden lassen, darin die Zwiebelringe 2 Min. andünsten. Bärlauch zugeben und bei großer Hitze unter Rühren in ca. 3 Min. zusammenfallen lassen. Mit Salz, Pfeffer, Muskatnuss und Senf würzen, vom Herd nehmen.

3 Den Backofen auf 220° vorheizen. Die Blätterteigplatten auf der bemehlten Arbeitsfläche übereinanderlegen und zu einem passend großen Rechteck ausrollen. Den Schinken längs, leicht überlappend darauf auslegen.

4 Die Crème fraîche unter die Bärlauchmasse rühren und auf dem Schinken verteilen. Das Filet mittig darauflegen. Das Ei trennen. Eine Seite Teig längs über das Filet schlagen, den Rand mit etwas Eiweiß bepinseln, dann die zweite Seite darüberklappen und andrücken. Die Enden ebenfalls mit Eiweiß bepinseln und nach unten einklappen.

5 Ein Backblech mit Backpapier auslegen. Das Teigstück mit der Naht nach unten darauflegen. Eigelb verquirlen und den Teig damit einpinseln. Im vorgeheizten Ofen (Mitte, Umluft 200°) in ca. 20 Min. goldbraun backen. Aus dem Herd nehmen und vor dem Anschneiden noch etwas ruhen lassen.

Mohn-Schnitzelchen

schnell gemacht
Zubereitung: ca. 40 Min. | Pro Stück: ca. 180 kcal

Für 12 Stück

600 g Schweinefilet | Salz | Pfeffer
1 Bio-Zitrone | 5 EL Mohn
120 g Semmelbrösel | 2 Eier
2 EL Sahne | 100 g Mehl
Butterschmalz zum Braten

1 Das Schweinefilet in 12 gleich große Scheiben schneiden und leicht flach klopfen oder mit der Hand flach drücken. Beidseitig salzen und pfeffern.

2 Die Zitrone heiß waschen, abtrocknen, dann die Schale fein abreiben. Mit dem Mohn und den Semmelbröseln mischen und in einen tiefen Teller geben. Die Eier mit der Sahne verquirlen und in einen zweiten Teller geben. Das Mehl in einen dritten Teller füllen.

3 Die Schnitzelchen erst in Mehl wenden, dann durch die Eiersahne ziehen und anschließend gut in die Mohnpanade drücken.

4 Ausreichend Schmalz in einer Pfanne erhitzen und darin die Schnitzelchen portionsweise beidseitig je 2–3 Min. goldgelb und knusprig braten. Aus der Pfanne nehmen und auf Küchenpapier abtropfen lassen. Die Zitrone in Scheiben schneiden, diese halbieren und die Schnitzelchen damit garniert servieren.

Medaillons mit Senf-Kräuter-Haube

knusperkrustig | *Zubereitung: ca. 35 Min.*
Kühlen: 1 Std. | Pro Stück: ca. 220 kcal

Für 8 Stück

80 g Butter | 3 Scheiben Toastbrot
je 1/2 Bund Oregano und Thymian
2 EL Haselnussblättchen
2 EL körniger Senf | Salz | Pfeffer
edelsüßes Paprikapulver
8 Schweinemedaillons (à 60 g)
Butterschmalz zum Braten

1 Die weiche Butter mit einer Gabel cremig zermusen. Toastbrot entrinden und fein hacken. Kräuter waschen, Blättchen abzupfen und mit den Haselnüssen ebenfalls hacken. Alles mit dem Senf gut unter die Butter mengen und mit Salz, Pfeffer und Paprikapulver würzen. Die Butter zu einer Rolle formen, in Alufolie schlagen und im Kühlschrank ca. 1 Std. kalt stellen.

2 Den Ofen auf 225° vorheizen. In einer Pfanne ausreichend Butterschmalz erhitzen. Medaillons salzen und pfeffern, anschließend bei großer Hitze beidseitig je knapp 2 Min. anbraten, dann nebeneinander in eine ofenfeste Form legen.

3 Den Grill des Ofens zuschalten. Butter in 8 Scheiben schneiden und auf die Medaillons legen. Sofort im vorgeheizten Ofen in ca. 6–8 Min. überbacken, bis sie eine gebräunte Kruste haben.

oben: Mohn-Schnitzelchen | unten: Medaillons mit Senf-Kräuter-Haube

Scharfe Hähnchenkeulen

gut aus der Hand zu essen
Zubereitung: 40 Min. | Pro Stück: ca. 215 kcal

Für 12 Stück

12 Hähnchenunterkeulen
1 l Geflügelbrühe
1 Stück frischer Ingwer (ca. 3 cm)
2 Knoblauchzehen
4 EL Ketchup
3 EL Pflaumenmus
1 EL Aceto balsamico
3 EL Sojasauce | 3 EL Öl
1 TL Fünf-Gewürze-Pulver
(aus dem Asienladen)
1/2 TL Chilipulver
Salz | Pfeffer

1 Die Hähnchenkeulen kalt abspülen. Brühe in einem Topf aufkochen, Keulen hineingeben und bei kleiner Hitze in 25 Min. garen. Herausnehmen und abkühlen lassen.

2 Inzwischen Ingwer und Knoblauch schälen, Knoblauch durchpressen und Ingwer fein hacken. Beides mit Ketchup, Pflaumenmus, Essig, Sojasauce und Öl verrühren und mit Fünf-Gewürze-Pulver, Chilipulver, Salz und Pfeffer würzen.

3 Den Backofengrill vorheizen. Hähnchenkeulen mit der Marinade bestreichen und auf ein mit Alufolie ausgelegtes Blech verteilen. Unter dem Grill (oben) in 8–10 Min. knusprig grillen, dabei 2–3 mal wenden.

Tandoori-Lachs

wie in Indien | *Zubereitung: ca. 25 Min.*
Marinieren: 1 Std. | Pro Portion: 430 kcal

Für 6 Personen

6 dicke Lachsfilets ohne Haut (à 180 g)
1 Bio-Limette
1 Knoblauchzehe
8 Stängel Koriandergrün
2 EL Tandoori-Gewürzpulver
(aus dem Asienladen)
1 EL Mehl | 200 g Joghurt
Salz | Pfeffer
3 EL kalte Butter

1 Den Lachs trocken tupfen. Die Limette heiß waschen, abtrocknen, Schale abreiben und Saft auspressen. Knoblauch schälen und durchpressen. Koriandergrün waschen, trocken schütteln und die Blättchen fein hacken (es sollte ca. 2 EL ergeben). Zusammen mit Limettensaft und -schale, Knoblauch, Gewürzpulver und Mehl mit dem Joghurt verrühren und mit Salz und Pfeffer abschmecken. Die Masse gleichmäßig auf dem Fisch verteilen und 1 Std. kühl stellen.

2 Den Backofengrill vorheizen. Den Lachs auf einem mit Alufolie ausgelegten Blech verteilen. Unter dem heißen Grill (oben) ca. 5 Min. grillen. Inzwischen die Butter in dünne Flöckchen schneiden. Auf dem Lachs verteilen und weitere 5–7 Min. grillen, bis die Joghurthaube leicht gebräunt ist.

vorne: Tandoori-Lachs | hinten: Scharfe Hähnchenkeulen

Aprikosentaler

supereinfach | *Zubereitung: ca. 30 Min.*
Quellen: 2 Std. | *Pro Stück: ca. 95 kcal*

Für 20 Stück

20 große getrocknete Aprikosen
250 g Mozzarella | 4 Stängel Estragon
Pfeffer | 20 Scheiben Parmaschinken

Außerdem:

Holzspießchen

1 Die Aprikosen mit heißem Wasser übergießen und 2 Std. quellen lassen. Den Mozzarella erst in Scheiben, dann in 20 gleich große Stücke schneiden. Den Estragon waschen, trocken schütteln und fein hacken.

2 Den Backofen auf 220° vorheizen. Aprikosen abgießen, abtropfen lassen, trocken tupfen, dann längs aufschneiden und aufklappen. Mit je 1 Stück Mozzarella belegen, mit Estragon bestreuen, mit Pfeffer übermahlen, zusammendrücken und fest mit 1 Scheibe Schinken umwickeln.

3 Auf ein mit Backpapier belegtes Blech legen und im vorgeheizten Ofen (Mitte, Umluft 200°) in 10–12 Min. knusprig braten, dabei einmal wenden. Mit Holzspießchen aufspießen und heiß oder kalt servieren.

Clever ergänzen

Für **Speckpflaumen** zusätzlich 20 getrocknete Softpflaumen mit je 1 geschälten Mandel spicken und in je 1 Scheibe dünn geschnittenen Frühstücksspeck wickeln und mit aufs Blech legen.

Hackfleischdatteln

aufregend würzig | *Zubereitung: 25 Min.*
Backen: 25 Min. | *Pro Stück: ca. 50 kcal*

Für 20 Stück

20 frische oder große getrocknete Datteln (Medjool)
2 EL Pistazienkerne | 5 Stängel Petersilie
250 g Rinderhackfleisch
je 2 Msp. Zimtpulver, gemahlene Nelken und Kreuzkümmel | Salz | Pfeffer

Außerdem:

Öl für die Form

1 Backofen auf 180° vorheizen. Datteln längs aufschlitzen und entkernen. Die Pistazien fein hacken, Petersilie waschen, trocken schütteln und ebenfalls fein hacken. Beides mit dem Hackfleisch und den Gewürzen gut vermengen. In 20 Portionen teilen, in die Datteln stecken und diese leicht zusammendrücken.

2 Eine ofenfeste Form mit Öl ausstreichen und die Datteln darin nebeneinander, mit der Schnittfläche nach oben hineinlegen. Im vorgeheizten Ofen (Mitte, Umluft 160°) in 20–25 Min. garen (evtl. 100 ml Wasser oder Brühe angießen, damit sie nicht ansitzen). Sie schmecken am besten noch warm.

Clever servieren

Servieren Sie die Datteln mit erfrischendem **Joghurt-Minze-Dip.** Dazu 300 g Joghurt mit den klein gehackten Blättchen von 4 Minzezweigen und 1 durchgepressten Knoblauchzehe mischen und kräftig mit Salz, Pfeffer und gemahlenem Kreuzkümmel abschmecken.

vorne: Hackfleischdatteln | hinten: Aprikosentaler

Scharfe Maispuffer

Viva Mexico! | *Zubereitung: 50 Min.* | *Pro Stück: ca. 155 kcal*

Für ca. 12 Stück

300 g Mais aus der Dose
1 rote Paprikaschote
1 grüne Chilischote
1/2 Bund glatte Petersilie
2 Eier | 100 g Mehl
1 TL Backpulver
125 g saure Sahne
Salz | Pfeffer
1/4 TL gemahlener Kreuzkümmel
frisch geriebene Muskatnuss

Außerdem:

Öl zum Braten

1 Mais in ein Sieb abgießen, kalt abbrausen und abtropfen lassen. Ca. zwei Drittel davon mit dem Pürierstab pürieren. Die Paprikaschote putzen, waschen und klein würfeln. Die Chilischote waschen, entkernen und klein hacken. Die Petersilie waschen, trocken schütteln und fein hacken.

2 Die Eier trennen, die Eiweiße steif schlagen. Eigelbe mit Maisbrei, Maiskörnern, Paprika, Chilischote, Petersilie, Mehl, Backpulver und saurer Sahne gut verrühren. Kräftig mit Salz, Pfeffer, Kreuzkümmel und Muskatnuss würzen, dann die Eiweiße unterheben.

3 Etwas Öl in einer Pfanne erhitzen. Etwas von dem Maisteig hineingeben und zu Puffern von ca. 10 cm Ø glatt streichen. Beidseits je 2–3 Min. braten. So den gesamten Teig aufbrauchen, die fertigen Puffer im Ofen (bei ca. 60°) warm halten.

Clever vorbereiten

Die Puffer am Vortag **vorbereiten** und im Ofen (bei 160°) aufwärmen – sie schmecken aber **auch kalt.**

Petersilien-Käse-Tortilla

schmeckt nach Spanien | *Zubereitung: 70 Min.* | *Bei 6 Personen pro Portion: ca. 355 kcal*

Für 4–6 Personen

750 g fest kochende Kartoffeln
Salz | 120 g Manchego-Käse
2 rote Zwiebeln
1 großes Bund krause Petersilie
8 Eier | 200 ml Milch
Pfeffer
2 Msp. Chilipulver
3 EL Olivenöl

1 Die Kartoffeln waschen und mit der Schale ca. 20 Min. zugedeckt in Salzwasser garen. Inzwischen den Käse entrinden und mit dem Sparschäler zu groben Spänen hobeln. Die Zwiebeln schälen und würfeln. Die Petersilie waschen, trocken schütteln, die Blättchen abzupfen und grob hacken.

2 Kartoffeln abgießen, ausdampfen lassen, schälen und in Scheiben schneiden. Eier mit Milch verquirlen und mit Salz, Pfeffer und Chilipulver würzen. Das Öl in einer beschichteten Pfanne (26 cm Ø) erhitzen, darin Zwiebeln und Kartoffeln 5 Min. bei mittlerer Hitze braten, Petersilie unterrühren und 2 Min. mitbraten. Käse darüber streuen, Eiermilch dazugießen und ca. 2 Min. bei großer Hitze stocken lassen.

3 Die Hitze reduzieren und die Tortilla offen in ca. 15 Min. bei kleiner Hitze garen. Ab und zu an der Pfanne rütteln, damit sie nicht ansitzt. Auf einen Teller gleiten lassen und wenden und in weiteren 2–5 Min. leicht bräunen. Die fertige Tortilla in Stücke schneiden und warm oder kalt servieren.

1

2

3

Marokkanische Lammpastetchen

würzig-deftig | *Zubereitung: 2 Std.* | *Ruhen: 1 Std.* | *Backen: ca. 30 Min.* | *Bei 12 Stücken pro Stück: ca. 235 kcal*

Für 1 Muffinsblech (12 Mulden)

Für die Füllung:

200 g Lammfleisch (aus der Keule)
1 kleine Möhre
6 Soft-Trockenpflaumen
1 Zwiebel
1 Knoblauchzehe
2 EL Öl
3 EL Joghurt
1/4 TL Kurkumapulver
1/4 TL gemahlener Kreuzkümmel
1 Msp. gemahlene Nelken
1 Msp. gemahlener Piment
1 Zimtstange
Salz | Pfeffer
10 Stängel Koriandergrün

Für den Teig:

250 g Mehl | Salz
150 g kalte Butter
3 Eigelbe
3 EL Milch

Außerdem:

Butter für die Form
Mehl zum Arbeiten

1 Fett und Sehnen vom Fleisch schneiden, dann in ca. 1 cm große Würfel schneiden. Die Möhre schälen und fein würfeln. Pflaumen in Stückchen schneiden. Zwiebel und Knoblauch schälen und fein hacken.

2 Öl in einem Topf erhitzen, darin Zwiebel mit Knoblauch andünsten. Fleisch zugeben, einmal umrühren, dann sofort Joghurt, Möhre und die Gewürze unterrühren. Zugedeckt bei kleiner Hitze ca. 25 Min. schmoren. Pflaumen zugeben und weitere 10–15 Min. schmoren. Koriandergrün waschen, hacken und unterrühren. Abkühlen lassen, Zimtstange rausfischen.

3 Inzwischen für den Teig Mehl und Salz mischen, Butter in Flöckchen darauf verteilen. 2 Eigelbe und 3 EL kaltes Wasser zugeben. Mit einem Messer zerhacken, dann mit den Händen zu einem Teig verkneten. Zur Kugel formen, in Folie wickeln und 1 Std. in den Kühlschrank stellen.

4 Das Muffinsblech mit Butter ausfetten und den Backofen auf 200° vorheizen. Übriges Eigelb mit Milch verquirlen. Den Teig auf bemehlter Arbeitsfläche dünn ausrollen. Je 12 Kreise mit ca. 10 cm Ø und 12 Kreise von ca. 7 cm Ø ausschneiden. Die Blechmulden mit den großen Teigkreisen auslegen (**Bild 1**), Ränder mit Eimilch bepinseln. Lammragout einfüllen (**Bild 2**), die kleinen Teigkreise als Deckel auflegen und festdrücken. In die Mitte ein kleines Loch bohren (**Bild 3**) und mit Eimilch bepinseln. Im heißen Ofen (Mitte, Umluft 180°) in 25–30 Min. goldgelb backen. Lauwarm aus der Form lösen und sofort oder kalt servieren.

Brokkoli-Quiche

preiswert | *Zubereitung: ca. 50 Min.* | *Backen: 45 Min.*
Bei 12 Stücken pro Stück: ca. 345 kcal

Für 1 Springform (Ø 26 cm)

250 g Mehl + Mehl zum Arbeiten | Salz
125 g kalte Butter | 5 Eier | 600 g Brokkoli
200 g gekochter Schinken (in Scheiben)
150 g Bergkäse | 200 g Sahne
Pfeffer | frisch geriebene Muskatnuss
5 EL Haselnussblättchen

1 Mehl und 1/2 TL Salz mischen. Die Butter klein würfeln und darauf verteilen. 1 Ei und 2–3 EL kaltes Wasser dazugeben. Alles mit einem Messer zerhacken, dann mit den Händen verkneten. Zu einer Kugel formen, in Folie wickeln und 30 Min. kühlen.

2 Inzwischen Brokkoli waschen, putzen, in Röschen brechen, den Stiel in Stifte schneiden. In kochendem Salzwasser ca. 5 Min. bei mittlerer Hitze garen, in ein Sieb gießen, kalt abschrecken und abtropfen lassen. Schinken würfeln, Käse entrinden und reiben. Restliche Eier mit Sahne verquirlen und kräftig mit Salz, Pfeffer und Muskatnuss würzen.

3 Den Backofen auf 200° vorheizen. Die Form fetten. Den Teig auf einer bemehlten Arbeitsfläche ausrollen und in die Form legen, dabei einen 4 cm hohen Rand formen. Brokkoli, Schinken und Käse mischen und darauf verteilen, Haselnüsse darüberstreuen und mit der Eiersahne begießen. Im heißen Backofen (Mitte, Umluft 180°) in ca. 45 Min. goldbraun backen.

Möhren-Erbsen-Quiche

Teig wie beschrieben zubereiten. **450 g Möhren** schälen und in dünne Scheiben schneiden. In **750 ml Gemüsebrühe** ca. 10 Min. garen, dabei 1 Min. vor Garzeitende 150 g **TK-Erbsen** zugeben. Abgießen, kalt abbrausen und abtropfen lassen. Für den Guss **5 Eier, 300 g saure Sahne, 2 EL Senf** und je 1 EL gehackten frischen **Estragon und Dill** mischen und mit **Salz** und **Pfeffer** würzen. Den Guss gut mit dem Gemüse mischen und auf den Teig geben. Wie beschrieben backen. Wer will kann auch noch **150 g gegarte, geschälte Garnelen** unter das Gemüse mischen.

Zucchini-Ziegenkäse-Tarte

Teig wie beschrieben zubereiten, allerdings in eine Form von 28 cm Ø geben und den Rand nur 3 cm hoch formen. **500 g Zucchini** waschen, putzen und grob reiben. **80 g Pinienkerne** in **2 EL Olivenöl** hellbraun braten, dann die Zucchiniraspel untermischen und 3 Min. mitbraten, mit **Salz** und **Pfeffer** würzen und **2 EL gehackte Minze** unterrühren. **4 Eier** mit **je 50 g Schmand** und **Sahne** verrühren, salzen und pfeffern. Mit den leicht abgekühlten Zucchini mischen. Den Teig 20 Min. blindbacken. Dann die Zucchinimasse darauf verteilen, **200 g Ziegenfrischkäse** (Ziegenrolle) in Scheiben schneiden und die Zucchinimasse damit belegen. In weiteren 25 Min. goldgelb backen.

Pikanter Spanischer Kuchen

***herzhafter Brotersatz** | Zubereitung: ca. 30 Min.*
Backen: ca. 50 Min. | Bei 12 Stücken pro Stück: ca. 295 kcal

Für 1 Kastenform (30 cm lang)

200 g Chorizo (spanische Paprikawurst)
150 g Manchego-Käse | 15 grüne Oliven ohne Stein | 300 g Mehl | 2 EL Backpulver | Salz
1 TL getrockneter Thymian | 1/4 TL Chilipulver
4 Eier | 80 ml Olivenöl | 100 ml Milch

Außerdem:

Fett für die Form

1 Den Backofen auf 180° vorheizen. Die Form ausfetten. Die Chorizo in kleine Würfel schneiden, den Käse entrinden und fein reiben, die Oliven in kleine Stücke schneiden. Gut 2 EL Käse beiseitestellen.

2 Das Mehl mit Backpulver, ca. 3/4 TL Salz, Thymian und Chilipulver mischen. Die Eier mit den Quirlen des Handrührgeräts schaumig schlagen, erst das Öl, dann die Milch unterrühren. Dann das Mehl, Chorizo und Käse zügig mit einem Löffel unterrühren.

3 Den Teig in die Form füllen, glatt streichen und mit dem beiseitegestellten Käse bestreuen. Im heißen Ofen (Mitte, Umluft 160°) in ca. 50 Min. goldbraun backen. Aus dem Ofen nehmen, auf ein Gitter stürzen und gleich wenden. Abkühlen lassen und lauwarm oder kalt servieren.

Zwiebel-Speck-Kuchen

Nadeln von **2 Zweigen Rosmarin** fein hacken, **150 g Greyerzer Käse** fein reiben. **3 Zwiebeln** schälen und grob würfeln. **180 g durchwachsenen Räucherspeck** fein würfeln. Beides in **2 EL Butter** bei kleiner Hitze andünsten und vom Herd nehmen. **300 g Mehl** mit **2 EL Backpulver** und knapp **1 TL Salz** mischen. **100 g weiche Butter** mit dem Handrührgerät cremig rühren, nach und nach **4 Eier**, dann **100 ml** Milch zugeben. Anschließend die Mehl- und Zwiebelmischung mit Rosmarin und Käse gut unterrühren. Wie beschrieben in die Form füllen und backen.

Möhren-Schoko-Kuchen

Es geht auch mal süß: **250 g Möhren** schälen und fein reiben, **80 g Schokolade** grob hacken. **4 Eier** trennen und die Eiweiße steif schlagen. **80 g Butter** und **150 g Zucker** mit dem Handrührgerät cremig rühren, Eigelbe nacheinander zugeben und schaumig rühren. Möhren und Schokolade mit **150 g Mehl, 150 g Haselnüssen, 2 EL Backpulver, 1 Prise Salz, 1/2 TL Zimtpulver** und **1 Msp. gemahlenen Nelken** mischen und unterrühren. Die Eiweiße unterheben, den Teig wie beschrieben in die Form füllen und wie beschrieben backen.

Kartoffelcremesuppe

preiswert & vielseitig | *Zubereitung: ca. 50 Min.* | *Bei 8 Personen pro Portion: ca. 220 kcal*

Für 6–8 Personen

1,2 kg mehlig kochende Kartoffeln
1 kleine Fenchelknolle
1 Bund Suppengrün
1 Stängel Liebstöckel
4 EL Butter
1 l Gemüsebrühe
Salz | Pfeffer
frisch geriebene Muskatnuss
150 g Sahne

1 Die Kartoffeln schälen, Fenchel und Suppengrün putzen und alles getrennt fein würfeln. Den Liebstöckel waschen und fein hacken. Butter in einem großen Topf erhitzen, darin das Gemüse andünsten. Kartoffeln, Liebstöckel und Brühe zugeben und in 20–25 Min. garen.

2 Die Suppe fein pürieren und mit Salz, Pfeffer und Muskatnuss würzen. Sahne unterrühren und heiß werden lassen, evtl. nochmals mit dem Pürierstab schaumig aufschlagen. Die Suppe auf einem Rechaud warmhalten und verschiedene Einlagen in Schälchen bereitstellen.

Verschiedene Suppeneinlagen

Gebratene Champignons | **250 g Champignons** oder Egerlinge abreiben, putzen und in Scheiben schneiden. **1 Stück Lauch** (ca. 60 g) längs halbieren, waschen, längs in Streifen, diese in Würfel schneiden. **5 Scheiben Schwarzwälder Schinken** in Streifen schneiden. 2 EL Butter erhitzen, darin Lauch und Schinken andünsten. Pilze dazugeben und bei mittlerer Hitze unter Rühren 6–8 Min. garen. Mit **Salz** und **Pfeffer** würzen und in ein Schälchen füllen.

Marinierte Garnelen | **250 gekochte, geputzte Garnelen** oder Eismeerkrabben kalt abspülen und abtropfen lassen. **1/4 Bund Dill** waschen und fein hacken. Mit **1 EL Zitronensaft, 1 Msp. edelsüßem Paprikapulver** und den Garnelen mischen und in ein Schälchen füllen.

Petersilien-Ei | **3 hart gekochte Eier** pellen und fein würfeln. **1 Bund glatte Petersilie** waschen, trocken schütteln und die Blättchen grob hacken und mit der **Schale von 1/2 Bio-Zitrone, Salz** und **Pfeffer** mischen.

Clever kombinieren

Außerdem passen auch **Räucherlachsstreifen,** 1 Klecks **saure Sahne** mit etwas **Forellenkaviar, geröstete Kürbiskerne,** kleine **Paprikawürfel** oder frisch gehackte **gemischte Kräuter.**

Alles fürs Büfett

Dazu gehören natürlich auf jeden Fall Salate – feine Sattmacher für Viele, die möglichst gut vorzubereiten sind wie unser Lieblingsnudelsalat.

Pesto-Nudel-Salat

schnell und einfach | *im Bild links*
Zubereitung: 25 Min. | *Ziehen: 1 Std.* | *Pro Portion: ca. 540 kcal*

Für 8 Personen

500 g kurze Nudeln (z. B. Casarecce)
Salz
1 kleiner Bund Rucola (ca. 80 g)
1 Knoblauchzehe
1 EL körniger Senf
1 EL Honig
6 EL Aceto balsamico bianco
120 ml Olivenöl
500 g Kirschtomaten
3 Packungen Mini-Mozzarella (à 125 g)
20 schwarze Oliven (ohne Stein)
4 EL Pinienkerne

1 Die Nudeln nach Packungsanweisung in Salzwasser garen, abgießen und abtropfen lassen.

2 Inzwischen Rucola waschen, trocken schütteln, grobe Stiele wegschneiden, Blätter grob hacken. Knoblauch schälen und hacken und mit Rucola, Senf, Honig, Essig und Öl pürieren. Kirschtomaten waschen und halbieren, Mozzarella abgießen und trocken tupfen, Oliven halbieren. Alles mit der Sauce und Pinienkernen unter die abgekühlten Nudeln mischen und möglichst 1 Std. durchziehen lassen.

1

2

3

Gebeizte Forelle
mit Senfsauce

edel | *Zubereitung: 25 Min.* | *Marinieren: 24 Std.* | *Bei 10 Personen pro Portion: 155 kcal*

Für 8–10 Personen

Für die Lachsforelle:

1 kg ganz frisches Lachsforellenfilet mit Haut (am besten vom Händler 1 Forelle filetieren und entgräten lassen)
1 TL schwarze Pfefferkörner
1 TL Koriandersamen
40 g grobes Meersalz
60 g brauner Zucker
1 Bio-Orange
1 Bund Dill

Für die Senfsauce:

1/2 Bund Dill
4 EL Honig
3 EL Dijon-Senf
2 EL Sherryessig
3 EL frisch gepresster Orangensaft
Salz | Pfeffer

Außerdem:

Konservendosen zum Beschweren

1 Die Forellenfilets kalt abspülen und trocken tupfen. Ein Filet mit der Hautseite nach unten in eine Schale legen. Pfefferkörner und Koriandersamen im Mörser grob zerstoßen und mit Salz und Zucker mischen. Orange heiß waschen, abtrocknen, dann die Schale in dünnen Streifen abziehen und hacken, den Saft auspressen. Dill waschen, trocken schütteln und die Spitzen fein hacken.

2 Das Forellenfilet mit 1 EL Orangensaft (übrigen Saft für die Sauce aufbewahren) beträufeln, dann die Gewürz-Salz-Mischung und Orangenschale darüberstreuen und leicht mit den Fingern einreiben (**Bild 1**). Den Dill ebenfalls darüberstreuen und das zweite Filet mit der Hautseite nach oben darauf legen und leicht andrücken (**Bild 2**).

3 Die Fischfilets mit Frischhaltefolie abdecken und ein Holzbrett darauf legen. Mit drei Konservendosen beschweren und mindestens 24 Std. in den Kühlschrank stellen (**Bild 3**). Mindestens einmal wenden, dabei das obere Filet kurz anheben und das untere mit ausgetretenem Saft begießen.

4 Für die Sauce Dill waschen, trocken schütteln, fein hacken und mit den übrigen Zutaten verrühren, salzen und pfeffern. Fischfilets aus der Schale nehmen und auf der Haut in dünne Scheiben schneiden. Mit Dillsauce servieren.

Clever variieren

Anstelle von Lachsforelle schmeckt auch normaler **Lachs.** Egal bei welchem Fisch – vor dem Beizen unbedingt nochmals prüfen, dass keine Gräten mehr im Fleisch sind.

Sardinen in Safran-Orangen-Marinade

wie in Spanien | *Zubereitung: 30 Min.* | *Marinieren: 24 Std.* | *Bei 8 Personen pro Portion: ca. 165 kcal*

Für 6–8 Personen

12 frische, küchenfertige Sardinen | Salz Pfeffer | 3–4 EL Mehl | 1 rote Zwiebel 1 Knoblauchzehe | 1 Zweig Thymian | 6–7 EL Olivenöl | 2 Orangen | 150 ml Weißwein 1 Msp. gemahlener Safran | 12 grüne Oliven ohne Stein 5 EL Sherryessig | 3 EL Sherry (nach Belieben) | 12 gehäutete Mandeln

1 Fische waschen, trocken tupfen, innen und außen salzen und pfeffern. In Mehl wenden. Zwiebel und Knoblauch schälen und fein würfeln. Thymian waschen, trocken schütteln, Blättchen fein hacken. Sardinen in 4–5 EL Öl rundum je 4–5 Min. goldbraun braten. Dann in eine Servierschüssel legen.

2 1 Orange auspressen, die andere schälen und klein schneiden. Zwiebeln und Knoblauch in 1–2 EL Öl glasig dünsten. Mit Weißwein und Orangensaft ablöschen, Thymian und Safran einstreuen, 3–5 Min. offen köcheln lassen. Oliven in Ringe schneiden, mit den Orangen in den Sud mischen. Essig und nach Belieben Sherry unterrühren, mit Salz und Pfeffer abschmecken und über die Sardinen gießen.

3 Mandeln in einer Pfanne ohne Fett hellbraun anrösten und über den Fisch streuen. Die Schüssel mit Folie abdecken und mind. 24 Std. im Kühlschrank durchziehen lassen.

Thunfisch-Röllchen mit Wasabi-Dip

aufregend asiatisch | *Zubereitung: 35 Min.* *Bei 8 Personen pro Portion: ca. 330 kcal*

Für 6–8 Personen

500 g Thunfischfilet (Schwanzstück) | 1 reife, feste Papaya | 1 Bund Koriandergrün 1 Stück frischer Ingwer (ca. 3 cm) | 1 Bio-Limette je 5 EL weiße und schwarze Sesamsamen Salz | Pfeffer | 4 EL Öl | 150 g Mayonnaise 100 g Joghurt | 3 TL Wasabipaste | Holzspieße

1 Thunfisch in schmale Streifen schneiden. Papaya halbieren, entkernen, schälen, längs in Stifte schneiden, diese auf die Breite der Fischstreifen kürzen. Koriander waschen, trocken schütteln, fein hacken, Ingwer schälen, fein würfeln. Limette heiß waschen, abtrocknen, Schale fein abreiben, Saft auspressen. Jeweils die Hälfte von Limettenschale, Koriandergrün und Sesamsamen mit dem Ingwer mischen.

2 Koriandermischung auf dem Fisch verteilen, salzen und pfeffern, je 1 Stück Papaya darauflegen, aufrollen. Mit Spießchen feststecken und in den übrigen Sesamsamen wenden. Etwas Öl in einer Pfanne stark erhitzen und die Röllchen einlegen. Rundum ca. 1 1/2 Min. braten (die Mitte sollte rosa bis roh bleiben).

3 Mayonnaise mit Joghurt, Wasabipaste, übriger Limettenschale und 3 TL Saft verrühren und mit Salz und Pfeffer abschmecken. Koriandergrün unterrühren, in einem Schälchen mit den Röllchen auf einer Platte anrichten.

oben: Sardinen in Safran-Orangen-Marinade | unten: Thunfisch-Röllchen mit Wasabi-Dip

1
2
3

Garnelen-Spinat-Röllchen

gut vorzubereiten | *Zubereitung: 40 Min.* | *Backen: ca. 10 Min.* | *Kühlen: ca. 12 Std.* | *Pro Röllchen: ca. 55 kcal*

Für ca. 30 Röllchen

300 g TK-Spinat (Blattspinat oder fein gehackter Spinat)
2 Bund Dill
3 Eier
Salz | Pfeffer
frisch geriebene Muskatnuss
1 EL Mehl
1 EL Speisestärke
300 g vorgegarte Garnelen
250 g Magerquark
150 g Frischkäse
150 g saure Sahne
1 EL Tomatenmark
50 g getrocknete, in Öl eingelegte Tomaten
2 Msp. Chilipulver

Außerdem:

evtl. Holzspießchen

1 Den Spinat in einem Sieb auftauen lassen. Inzwischen Dill waschen, trocken schütteln, eine Hälfte grob zerschneiden, die andere beiseitestellen. Den Backofen auf 200° vorheizen. Die Eier trennen und die Eiweiße mit einer Prise Salz steif schlagen. Den aufgetauten Spinat gut trocken pressen und mit Eigelben und Dill fein pürieren. Mit Salz, Pfeffer und Muskatnuss würzen. Mehl und Stärke gut unter die Masse rühren, dann den Eischnee vorsichtig unterheben.

2 Ein Backblech mit Backpapier auslegen und den Spinatteig gleichmäßig darauf ausstreichen (**Bild 1**). Im vorgeheizten Ofen (Mitte, Umluft 180°) in 8–10 Min. backen. Herausnehmen und sofort auf ein sauberes Geschirrtuch stürzen. Das Backpapier mit einem nassen Tuch leicht anfeuchten, dann abziehen (**Bild 2**). Teigplatte längs halbieren, mit dem Geschirrtuch aufrollen und auskühlen lassen (**Bild 3**).

3 Inzwischen die Garnelen in einem Sieb kalt abbrausen, trocken tupfen und grob hacken. Quark, Frischkäse, saure Sahne und Tomatenmark glatt rühren. Übrigen Dill fein hacken, die Tomaten abtropfen lassen und ebenfalls fein hacken. Beides unter den Quark heben und mit Chilipulver, Pfeffer und Salz pikant würzen.

4 Den abgekühlten Spinatteig auseinanderrollen. Beide Teighälften getrennt auf Frischhaltefolie legen, gleichmäßig mit der Krabbencreme bestreichen und fest zusammenrollen. Die Rollen in der Folie einschlagen und im Kühlschrank einige Stunden (oder über Nacht) kühlen. Vor dem Servieren aus der Folie nehmen und in ca. 30 Röllchen schneiden. Wer will, spießt die Röllchen mit Holzspießchen auf – so halten sie besser zusammen und sind leicht zu greifen.

Clever verfeinern

Wer will, belegt die Krabbencreme noch mit ca. **200 g Räucherlachs** in Scheiben und rollt den Teig anschließend auf.

Mortadella-Spargel-Röllchen

macht was her
Zubereitung: ca. 45 Min. | Pro Stück: ca. 45 kcal

Für 36 Stück

12 Stangen grüner Spargel | Salz
200 ml Milch | 3 Eier | 100 g Mehl
1 Bund Rucola | 4 EL Schmand | abgeriebene Schale von 1/2 Bio-Orange | Pfeffer
150 g Mortadella (ca. 3 große Scheiben)

Außerdem:

Öl zum Braten | Holzspießchen

1 Spargel waschen und ohne holzige Enden dritteln. In Salzwasser bei mittlerer Hitze in 6–8 Min. gar kochen, in ein Sieb gießen, kalt abbrausen und abtropfen lassen.

2 Inzwischen Milch, Eier und Mehl zu einem glatten Teig verrühren, salzen. Aus dem Teig in einer Pfanne (26 cm Ø) nacheinander drei Pfannkuchen im heißen Öl bei mittlerer Hitze goldbraun ausbacken, abkühlen lassen.

3 Rucola waschen, trocken schütteln, verlesen, fein hacken. Schmand mit Orangenschale verrühren, salzen und pfeffern. Die Pfannkuchen mit Schmand bestreichen, Rucola daraufstreuen und mit Mortadella belegen.

4 Pfannkuchen jeweils diagonal in 12 Stücke schneiden. Je 1 Stück Spargel auf das äußere Ende legen und zur Spitze hin aufrollen. Mit Holzspießchen feststecken.

Roastbeef-Linsen-Röllchen

feines Fingerfood | *Zubereitung: ca. 50 Min.*
Garen: 30 Min. | Pro Stück: ca. 50 kcal

Für 24 Stück

1 Stange Staudensellerie | 1 Stück Lauch (ca. 60 g) | 1 Möhre | 150 g rote Linsen
1 TL gekörnte Gemüsebrühe | 1 1/2 TL indische Currypaste (aus dem Glas) | Salz | 4 Frühlingszwiebeln | 12 große Blätter Kopfsalat
24 Scheiben Roastbeefaufschnitt

Außerdem:

evtl. Holzspießchen

1 Gemüse waschen, putzen, schälen und fein würfeln. Mit den Linsen und ca. 350 ml Wasser in einen Topf geben. Einmal aufkochen lassen, dann Gemüsebrühe und Currypaste unterrühren. Offen bei mittlerer Hitze in ca. 25–30 Min. kochen, bis die Linsen weich sind (evtl. wenig Wasser nachgießen).

2 Die Linsen salzen, mit dem Pürierstab pürieren und abkühlen lassen. Die Frühlingszwiebeln waschen, trocken schütteln, mit dem Grün in ganz feine Ringe schneiden und unter die Linsen rühren. Die Salatblätter waschen, trocken tupfen und halbieren.

3 Die Roastbeefscheiben jeweils mit einem halben Salatblatt belegen und etwas vom Linsenpüree in die Mitte geben. Dann vorsichtig zu einem Röllchen aufrollen, evtl. mit einem Holzspießchen feststecken.

oben: Mortadella-Spargel-Röllchen | unten: Roastbeef-Linsen-Röllchen

Hackbällchen

Partyklassiker
Zubereitung: ca. 50 Min | Pro Stück: ca. 105 kcal

Für ca. 40 Stück

2 Brötchen vom Vortag
2 Zwiebeln
1 Bund glatte Petersilie
1 kg gemischtes Hackfleisch
300 g Schweinemett
2 Eier | 2 EL scharfer Senf
Salz | Pfeffer
edelsüßes Paprikapulver
frisch geriebene Muskatnuss

Außerdem:

2 EL Öl für das Blech

1 Die Brötchen für 10 Min. in kaltem Wasser einweichen. Inzwischen die Zwiebeln schälen und fein würfeln, Petersilie waschen, trocken schütteln und fein hacken.

2 Die Brötchen ausdrücken, zerzupfen und mit den Zwiebeln, Petersilie, Hackfleisch, Mett und Eiern kräftig mit den Händen zu einem Teig vermengen. Mit Senf, Salz, Pfeffer, Paprikapulver und Muskatnuss kräftig würzen.

3 Den Backofen auf 250° vorheizen. Ein tiefes Blech (Fettpfanne) mit dem Öl ausstreichen. Aus der Fleischmasse mit nassen Händen ca. 40 walnussgroße Bällchen formen und nebeneinander auf das Blech legen. Im vorgeheizten Ofen (Mitte, Umluft 220°) in 20–25 Min. goldbraun braten.

Asiatische Variante

Senf, Paprikapulver, Muskatnuss und Petersilie weglassen. Dafür **4 Stangen Zitronengras** längs vierteln, und die unteren 10 cm der Stängel ganz fein hacken. Ein Stück **frischen Ingwer** (ca. 3 cm) und **2 Knoblauchzehen** schälen und fein hacken. **1 Bund Koriander** waschen, trocken schütteln und fein hacken. Alles mit **2 TL Sambal oelek** und **5 EL Sojasauce** unter das Hackfleisch mischen. Mit **Salz, Pfeffer** und Saft und abgeriebener Schale von **1/2 Limette** würzen.

Orientalische Variante

Senf, Muskatnuss und Mett weglassen, dafür **100 g gehackte Rosinen** und **100 g Walnüsse** klein hacken, **2 Knoblauchzehen** schälen und durchpressen und mit **je 1 TL gemahlenem Kreuzkümmel, Koriander** und **Zimt** unter das Hackfleisch mengen.

Griechische Variante

Den Senf und die Muskatnuss weglassen. Nur **1/2 Bund Petersilie** verwenden, dafür zusätzlich **3 TL getrockneten Oregano** unter die Hackmasse mengen. **4–6 mittelscharfe, eingelegte grüne Peperoni** fein würfeln mit **2 EL Tomatenmark** unter die Hackmasse mengen. **200 g Schafkäse** (Feta) in 40 gleichmäßig große Würfel schneiden. Den Hackteig in 40 Portionen teilen und jeweils um einen Käsewürfel zum Bällchen formen.

Feta mit Petersilienpesto

***supereinfach** | Zubereitung: 30 Min. | Pro Portion: ca. 360 kcal*

Für 6 Personen

1 großes Bund glatte Petersilie (ca. 100 g)
1 Knoblauchzehe
1 Bio-Zitrone
4 EL Walnusskerne
1 TL Honig | 100 ml Olivenöl
1/2 TL gemahlener Kreuzkümmel | Salz
Pfeffer aus der Mühle
800 g Tomaten
400 g Schafkäse (Feta)

Clever variieren

Für einen **frischen Salat** einfach die Hälfte der Tomaten achteln und 1 Salatgurke schälen und würfeln. 200 g Schafkäse würfeln und alles mit dem Pesto mischen.

1 Die Petersilie waschen, trocken schütteln und mit den Stielen grob zerschneiden. Den Knoblauch schälen und hacken. Die Zitrone heiß waschen, abtrocknen und gut 1 Msp. Schale davon abreiben, anschließend 2 EL Saft auspressen. Die Walnüsse hacken. Alles mit dem Honig und der Hälfte des Olivenöls mit dem Pürierstab oder in der Küchenmaschine pürieren, dabei nach und nach übriges Öl zugießen. Mit Kreuzkümmel, Salz und Pfeffer würzen.

2 Die Tomaten waschen und in Scheiben schneiden, dabei den Stielansatz entfernen. Den Käse trocken tupfen und in Scheiben schneiden. Auf einer runden Platte ringsherum die Tomaten dachziegelartig übereinanderlegen und salzen, in der Mitte die Käsescheiben dachziegelartig schichten. Das Pesto über den Käse träufeln und alles großzügig mit Pfeffer übermahlen.

Mozzarella mit Würzkrokant

extravagant, aber einfach | *Zubereitung: 35 Min.* | *Bei 8 Personen pro Portion: ca. 175 kcal*

Für 6–8 Personen

50 g Kernemischung (Sonnenblumenkerne, Kürbiskerne und Pinienkerne)
3 EL Zucker
5 EL Aceto balsamico
1–2 getrocknete Chilischoten
3 Kugeln Mozzarella (à 125 g)
150 g Rucola
100 g Erdbeeren
1/2 TL Koriandersamen
1/2 TL grobes Meersalz

1 Die Kerne grob hacken und in einer Pfanne ohne Fett hellbraun rösten, herausnehmen. Zucker in der Pfanne bei mittlerer Hitze hellbraun karamellisieren. 100 ml Wasser und 4 EL Balsamico zugeben, Chilischoten hineinbröseln. Offen bei mittlerer bis großer Hitze in 5–7 Min. zu einem sämigen Sirup einkochen, abkühlen lassen.

2 Inzwischen den Mozzarella trocken tupfen und in Scheiben schneiden. Den Rucola waschen, verlesen und trocken schütteln, die Erdbeeren waschen, putzen, trocken tupfen und vierteln. Rucola und Erdbeeren auf einer Platte rundherum und die Mozzarellascheiben in der Mitte kreisförmig überlappend auslegen.

3 Vor dem Servieren die Koriandersamen im Mörser zerstoßen und mit den Kernen, Meersalz und übrigem Essig unter den Essigsirup mischen. Mit einem Teelöffel Bröckchen davon abnehmen und über Mozzarella und Rucola verteilen.

Gefüllte Tomaten mit Thunfisch

super einfach
Zubereitung: ca. 35 Min. | Pro Stück: ca. 50 kcal

Für 8 Stück

8 Tomaten | Salz | Pfeffer
1 Stück Salatgurke (ca. 180 g)
1 Dose Thunfisch im eigenen Saft (150 g Abtropfgewicht)
1 EL Kapern | 1 EL Weißwein (ersatzweise Zitronensaft)
3 EL Mascarpone
8 Stängel glatte Petersilie

1 Die Tomaten waschen, einen Deckel abschneiden und die Früchte mit einem Teelöffel aushöhlen. Innen salzen und pfeffern. Die Salatgurke schälen und fein würfeln.

2 Den Thunfisch abgießen und mit einer Gabel so fein wie möglich zerpflücken. Kapern grob hacken und mit dem Weißwein, Thunfisch und Gurke unter den Mascarpone rühren. Die Petersilie waschen, trocken schütteln, Blättchen abzupfen, grob hacken und ebenfalls unterrühren. Die Masse in die Tomaten füllen und auf einer Platte anrichten.

Clever variieren

Für **Tomaten mit Eier-Thunfischsalat** 3 hart gekochte Eier, 2 kleine Gewürzgurken, 1 EL Kapern, 2 Sardellen fein würfeln, mit 150 g zerzupftem Thunfisch, 5 EL Mayonnaise, 2 EL saurer Sahne mischen. Mit Salz und Pfeffer würzen und in die Tomaten füllen.

Papayas mit Rindfleischsalat

exotisch-edel
Zubereitung: 45 Min. | Pro Stück: ca. 165 kcal

Für 8 Stück

4 reife Papayas | 2 EL Limettensaft
500 g Rinderfilet | 5 EL Öl | Salz | Pfeffer
5 Frühlingszwiebeln | 3 Kaffirlimettenblätter (aus dem Asienladen) | 3 EL Sojasauce
2 EL Weißweinessig | 1 TL brauner Zucker
8 Stängel Koriandergrün | 1 EL Sesamsamen

1 Die Papayas halbieren, die Kerne mit einem Teelöffel entfernen, dann ca. die Hälfte des Fruchtfleisches so herausschneiden, dass ein Rand stehen bleibt. Fruchtfleisch klein würfeln und mit Limettensaft mischen.

2 Das Rinderfilet halbieren und in 2 EL Öl bei großer Hitze von beiden Seiten anbraten, dann beidseitig bei kleiner Hitze weitere 4 Min. braten. Salzen und pfeffern, in der Pfanne auskühlen lassen und in Streifen schneiden.

3 Die Frühlingszwiebeln waschen, putzen und mit dem Grün in feine Ringe schneiden, Limettenblätter fein hacken. Beides mit Sojasauce, Essig, Zucker und restlichem Öl verrühren, salzen und pfeffern.

4 Das Koriandergrün waschen, trocken schütteln, die Blättchen abzupfen und hacken. Mit Sesam, Papayafleisch und Fleisch unter die Marinade heben und 15 Min. ziehen lassen, dann in die Papayahälften füllen.

oben: Gefüllte Tomaten mit Thunfisch | unten: Papayas mit Rindfleischsalat

Bunt gefüllte Eier

***Klassiker auf neue Art** | Zubereitung: ca. 50 Min. | Pro Eihälfte: ca. 90 kcal*

Für 24 Eihälften

Für die Grundmasse:

12 Eier (Größe M)
100 g Frischkäse
100 g Crème fraîche
1 EL Senf
Salz | Pfeffer

Für die grüne Füllung:

Je 5 Stängel Basilikum, Petersilie und Dill
2 EL Pistazienkerne
3 EL Crème fraîche
2 EL Sahne
Salz | Pfeffer

Für die rote Füllung:

2 in Öl eingelegte Sardellenfilets
1 EL Kapern
1 EL Tomatenmark
1/4 TL Kräuter der Provençe
1–2 Msp. Harissa (orientalische Chilipaste)
Salz

Für die gelbe Füllung:

2 1/2 EL Mayonnaise
1/2–1 TL Currypulver
1 EL Mangochutney oder Orangenmarmelade
Salz

1 Die Eier anpieksen und in kochendem Wasser in 10 Min. gar kochen. Aus dem Wasser nehmen, kalt abschrecken, leicht abkühlen lassen, dann pellen. Eier längs halbieren und die Eigelbe herausheben. Für die Grundmasse die Eigelbe durch ein feinmaschiges Sieb streichen und gut mit Frischkäse, Crème fraîche und Senf verrühren (geht gut mit dem Handrührgerät). Mit Salz und Pfeffer würzen und dritteln.

2 Für die grüne Füllung die Kräuter waschen, trocken schütteln, Blättchen und Spitzen abzupfen und hacken. Pistazien ebenfalls fein hacken. Beides mit Crème fraîche und Sahne pürieren. Das Püree mit einem Drittel der Eigelbmasse verrühren, salzen und pfeffern.

3 Für die rote Füllung die Sardellen und Kapern möglichst fein hacken. Beides mit Tomatenmark, Kräutern der Provençe und Harissa mit einem Drittel der Eigelbmasse vermengen und vorsichtig mit Salz würzen.

4 Für die gelbe Füllung Mayonnaise, Currypulver und Mangochutney oder Orangenmarmelade mit dem übrigen Drittel der Eigelbmasse verrühren und mit Salz abschmecken.

5 Jeweils eine der drei Füllungen in einen Spritzbeutel füllen und nacheinander in je acht Eiweißhälften füllen.

Clever dekorieren

Auf die grünen Eier passen perfekt **Dillzweiglein,** evtl. mit einer gegarten **Garnele,** auf die roten jeweils ein **Basilikumblättchen** und schwarze **Olivenringe** oder **Tomatenwürfelchen,** auf die gelben Eier ein **Korianderblättchen** und gehackte, geröstete gesalzene **Cashewkerne.**

Bunte Antipastigemüse

***wie in Italien** | Zubereitung: ca. 1 Std. 40 Min. | Marinieren: 2 Std. | Bei 6 Personen pro Portion: ca. 140 kcal*

Für 4–6 Personen

Für die Paprikaschoten:

je 2 rote und gelbe Paprikaschoten
5 Zweige Zitronenthymian
1 kleine rote Chilischote
3 EL Aceto balsamico bianco
3 EL Olivenöl
Salz | Pfeffer

Für die Zucchini & Auberginen:

2 kleine Zucchini (ca. 400 g)
1 große, schlanke Aubergine (ca. 350 g)
Salz | Pfeffer
1/4 Bund glatte Petersilie
5 EL Aceto balsamico
1 TL getrockneter Oregano

Außerdem:

Olivenöl zum Braten und für die Marinade

1 Den Backofen auf 225° vorheizen. Die Paprikaschoten vierteln, putzen und waschen. Mit der Hautseite nach oben auf ein mit Alufolie ausgelegtes Blech legen. Im heißen Ofen (oben, Umluft 200°) ca. 20 Min. rösten, bis die Haut schwarz ist. Herausnehmen und sofort in einen Gefrierbeutel geben. Den Beutel zudrehen und 20 Min. abkühlen lassen.

2 Inzwischen den Thymian waschen, Blättchen abzupfen und hacken. Chilischote halbieren, entkernen und fein hacken. Beides mit Essig und Öl mischen und mit Salz und Pfeffer würzen. Die Paprikaschoten aus dem Gefrierbeutel nehmen und die Haut mit einem scharfen Messer abziehen. Paprika in eine Schale legen, mit der Marinade mischen und mindestens 2 Std. durchziehen lassen.

3 Die Zucchini und die Aubergine waschen, putzen und in ca. 1/2 cm dicke Scheiben schneiden. Etwas Öl in eine Pfanne geben und darin erst die Zucchinischeiben ca. 5 Min. bei mittlerer Hitze braten, dabei mehrmals wenden. Dann die Auberginen ebenfalls in Öl ca. 8–10 Min. braten. Beide Gemüse kurz vor Garzeitende salzen und pfeffern. Anschließend auf einer Platte auslegen.

4 Die Petersilie waschen, die Blätter trocken schütteln und hacken. Den Essig und 4 EL Olivenöl verrühren, Oregano und Petersilie unterrühren, mit Salz und Pfeffer würzen und über dem Gemüse verteilen. Mindestens 2 Std. ziehen lassen, dabei einmal in der Marinade wenden.

Clever servieren

Für ein **Bella-Italia-Büfett** alle Gemüsesorten auf einer großen Platte auslegen. Nochmals mit Pfeffer übermahlen und mit Pinienkernen und frisch gehackter Petersilie oder auch mal Basilikumblättchen bestreuen.

Marinierter Fenchel

fein & ungewöhnlich | *Zubereitung: ca. 25 Min. Marinieren: ca. 3 Std.* | *Bei 8 Personen pro Portion: 35 kcal*

Für 6–8 Personen

4 kleine Fenchelknollen (ca. 700 g)
Salz | 3 Schalotten
2 TL Honig | 3 EL Sherry
4 EL Aceto balsamico bianco
1/2 TL gemahlener Koriander
Pfeffer

1 Die Fenchelknollen achteln, putzen und waschen, dabei das Fenchelgrün aufbewahren. Die Fenchelstücke in kochendem Salzwasser zugedeckt 2–3 Min. bei mittlerer Hitze garen. In ein Sieb abgießen, kalt abbrausen und abtropfen lassen.

2 Die Schalotten schälen und ganz fein würfeln. Honig mit dem Sherry und dem Essig verrühren. Schalotten unterrühren und mit Koriander, Salz und Pfeffer kräftig würzen. Den Fenchel in einer flachen Schale mit der Marinade mischen und möglichst 2–3 Std. durchziehen lassen. Das Fenchelgrün fein hacken und darüberstreuen.

Clever variieren und servieren

Wer es außergewöhnlich liebt, mischt vor dem Servieren 4 frische in Streifen geschnittene **Datteln** unter den Fenchel. Auch fein: Den Fenchel mit **Mozzarellascheiben** und/oder dünn aufgeschnittener **Fenchelsalami** anrichten.

Marinierte Minze-Möhren

ganz einfach | *Zubereitung: ca. 35 Min.* | *Marinieren: ca. 2 Std.* | *Bei 8 Personen pro Portion: ca. 150 kcal*

Für 6–8 Personen

1 kg Möhren
1 frische rote Chilischote
2 Knoblauchzehen
100 ml Olivenöl | Salz | Pfeffer
1/2 TL gemahlener Kreuzkümmel
1 Prise Zimtpulver | 1 EL Honig
5 EL Weißweinessig | 1/2 Bund Minze

1 Die Möhren schälen und schräg in dünne Scheiben schneiden. Die Chilischote längs halbieren, entkernen und fein hacken. Die Knoblauchzehen schälen und fein hacken. In einer Pfanne 5 EL Öl erhitzen, Möhren, Knoblauch und Chilischote dazugeben und unter Rühren bei großer Hitze 1 Min. anbraten.

2 Dann ca. 75 ml Wasser zu den Möhren geben, mit Salz, Pfeffer, Kreuzkümmel, Zimt und Honig würzen und zugedeckt bei mittlerer Hitze in ca. 15 Min. bissfest garen.

3 Inzwischen übriges Öl und Essig verrühren. Die Minze waschen und trocken schütteln, die Blättchen abzupfen, fein hacken und unterrühren. Die Möhren vom Herd nehmen und mit der Minzemarinade mischen. Abkühlen lassen und mit Frischhaltefolie abgedeckt mind. 2 Std. (oder über Nacht) durchziehen lassen.

oben: Marinierter Fenchel | unten: Marinierte Minze-Möhren

Entenbrust
mit Sesamdressing auf Brunnenkresse

fruchtig-exotisch | *Zubereitung: ca. 40 Min.* | *Garen: 40 Min.* | *Bei 8 Personen pro Portion: ca. 315 kcal*

Für 6–8 Personen

2 Entenbrustfilets (à ca. 450 g)
Salz | Pfeffer
2 Saftorangen
3 EL Sojasauce
3 EL Weißweinessig
5 EL trockener Sherry
2 TL Honig
1/2 TL Sambal oelek
1 Knoblauchzehe
1/4 Bund glatte Petersilie
2 EL Sesamsamen
200 g Brunnenkresse
1 feste, reife Mango
1 rote Paprikaschote

1 Den Backofen auf 90° vorheizen. Die Entenbrüste trocken tupfen und die Haut kreuzweise einschneiden, beidseitig salzen und pfeffern. Eine ofenfeste Pfanne bei mittlerer Hitze heiß werden lassen, dann die Filets mit der Hautseite nach unten einlegen und 4 Min. anbraten. Wenden, weitere 2 Min. anbraten. Die Pfanne in den vorgeheizten Ofen (Mitte, ohne Umluft) schieben und in ca. 40 Min. garen.

2 Inzwischen die Orangen auspressen und den Saft mit Sojasauce, Essig, Sherry, Honig und Sambal oelek in einen kleinen Topf geben. Knoblauch schälen und dazupressen, dann alles bei großer Hitze ca. 3–5 Min. einkochen lassen und vom Herd nehmen. Abkühlen lassen. Zwischenzeitlich die Petersilie waschen, trocken schütteln und fein hacken. Mit den Sesamsamen in die lauwarm abgekühlte Sauce rühren.

3 Die Entenbrustfilets aus dem Herd nehmen, lauwarm abkühlen lassen und anschließend in feine Scheiben schneiden. Die Brunnenkresse waschen, verlesen, trocken schütteln und klein zupfen. Mango schälen, schräg vom Stein schneiden und in schmale Spalten schneiden. Paprikaschote halbieren, putzen, waschen und ganz klein würfeln.

4 Die Brunnenkresse auf einer Platte auslegen, die Mangospalten und Paprikawürfelchen darüberstreuen, die Entenbrust in der Mitte darauf auslegen und mit dem Dressing übergießen.

Besonders clever!

Für einen **warmen Brunchsalat** die Entenbrust nur 2–3 Min. abkühlen lassen und noch warm auf dem Salat verteilen. Mit dem Dressing beträufeln und sofort servieren.

Clever tauschen

Keine Brunnenkresse im Angebot? Dann geht auch mal **Rucola** – möglichst den breitblättrigen nehmen. Und statt Mango machen sich auch **filetierte Orangenspalten** gut auf dem Salat.

Kalter Putenbraten
mit Paprikacreme

gut vorzubereiten | *Zubereitung: 40 Min.* | *Garen: 1 Std. 45 Min.* | *Bei 10 Personen pro Portion: ca. 400 kcal*

Für 8–10 Personen

Für den Putenbraten:

2 kg Putenbrustfleisch
Salz | Pfeffer
60 g Butter
2 EL Honig
1 TL edelsüßes Paprikapulver
4 EL Butterschmalz
ca. 300 ml Hühnerbrühe

Für die Paprikacreme:

4 gelbe Paprikaschoten
2 Knoblauchzehen
1/2 Bund Thymian
3 EL Olivenöl
Salz | Pfeffer
80 g geschälte, gemahlene Mandeln
4 EL Sherry (ersatzweise Traubensaft)
2 EL Sherryessig
1/4 TL Chilipulver

1 Für den Braten den Ofen auf 100° vorheizen. Das Fleisch kalt abspülen, trocken tupfen, salzen und pfeffern. Butter schmelzen und mit Honig, Paprikapulver und je ca. 1/2 TL Salz und Pfeffer verrühren. Das Butterschmalz in einem Bräter heiß werden lassen, darin den Braten rundum goldbraun anbraten. Vom Herd nehmen, mit etwas Paprikabutter bepinseln und 100–150 ml Brühe zugießen.

2 Den Bräter in den vorgeheizten Ofen (Mitte, Umluft nicht empfehlenswert) stellen und ca. 1 Std. 45 Min. garen, dabei immer wieder mit Paprikabutter bepinseln und evtl. Brühe angießen, damit er nicht anbrennt.

3 Inzwischen für die Creme die Paprikaschoten putzen, waschen und in Stücke schneiden. Knoblauch schälen und in Scheiben schneiden, Thymian waschen, trocken schütteln, Blättchen abzupfen und hacken. Öl in einer Pfanne erhitzen, darin die Paprikaschoten anbraten, salzen, pfeffern und bei mittlerer Hitze 15 Min. braten. Knoblauch und Thymian unterrühren und weitere 5 Min. braten. Vom Herd nehmen und abkühlen lassen. Dann mit Mandeln, Sherry und Essig pürieren. Mit Salz, Pfeffer und Chilipulver abschmecken.

4 Den Braten aus dem Ofen nehmen und abkühlen lassen. Zum Anrichten in dünne Scheiben schneiden, auf einer Platte auslegen und die Paprikacreme in die Mitte geben.

Clever garnieren

Zusätzliche Farbe bringen ein paar in Scheiben geschnittene **schwarze Oliven** und etwas **gehackte Petersilie,** die man kurz vor dem Servieren über die Paprikacreme streut.

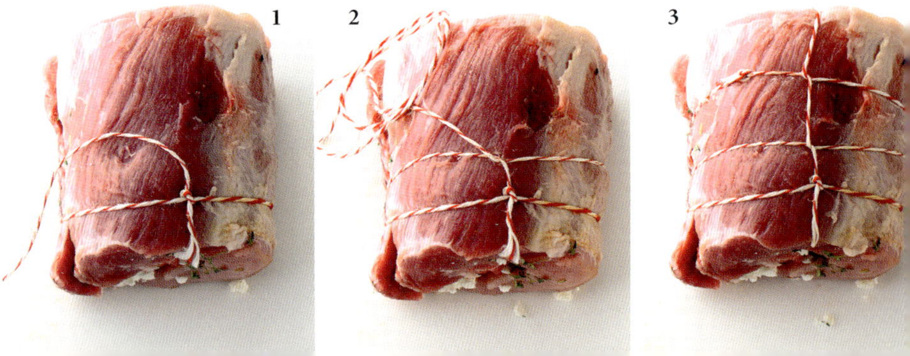

1 2 3

Kräuter-Rollbraten

mediterran | *Zubereitung: 25 Min.* | *Garen: 1 Std. 30 Min.* | *Bei 8 Personen pro Portion: ca. 370 kcal*

Für 6–8 Personen

1,5 kg Schweinefleisch für Rollbraten (ohne Schwarte, vom Metzger vorbereiten lassen)
je 1/2 Bund Rosmarin und Thymian
1 Bund glatte Petersilie
1 TL Fenchelsamen
2 Knoblauchzehen
1 TL abgeriebene Bio-Zitronenschale
80 g Semmelbrösel
1 Ei | 50 g Butter
Salz | Pfeffer
Chilipulver
200 g Schafkäse (Feta)

Außerdem:

Küchengarn
Olivenöl zum Braten

1 Das Fleisch waschen, trocken tupfen und flach auslegen. Die Kräuter waschen und trocken schütteln. Rosmarinnadeln und Thymianblättchen abzupfen und mit der Petersilie und den Fenchelsamen hacken. Knoblauch schälen und durch die Knoblauchpresse drücken. Alles gut mit Zitronenschale, Semmelbröseln, Ei und Butter vermengen und mit Salz, Pfeffer und Chilipulver würzen. Den Schafkäse in kleine Würfel schneiden. Die Kräutermasse auf dem Fleisch verstreichen und leicht festdrücken, den Schafkäse darüberstreuen. Jetzt das Fleisch von der Längsseite her aufrollen.

2 Nun den Braten zusammenbinden: Dazu ein Stück Garn an einem Bratenende rund um das Fleischstück führen und zusammenknoten. Dabei ein Fadenende etwas länger als die gesamte Bratenrolle lassen und längs über den Braten hängen lassen (**Bild 1**). Das längere, andere Ende jetzt immer rund um den Braten führen, oben um den längs hängenden Faden schlingen (**Bild 2**), festziehen und wieder rundherum führen bis der ganz Braten zugerollt ist (**Bild 3**).

3 Den Backofen auf 180° vorheizen. Den Braten rundum salzen und pfeffern. Ca. 3 EL Öl in einem Bräter erhitzen und das Fleisch darin rundherum anbraten. In den vorgeheizten Ofen (Mitte, Umluft 160°) schieben und ca. 1 1/2 Std. garen lassen, dabei evtl. zwischendurch 1/4 l Wasser angießen, damit der Braten nicht anbrennt. Den fertigen Braten herausnehmen, abkühlen lassen, das Garn entfernen, das Fleisch in Scheiben schneiden und auf einer Platte anrichten.

Kasseler
mit scharfer Kirschmarmelade

Deftiges, mal raffiniert | *Zubereitung: 35 Min.* | *Garen: 45 Min.* | *Marinieren: 24 Std.* | *Pro Portion: ca. 630 kcal*

Für 6 Personen

Für die Kirschmarmelade:

600 g Sauerkirschen (ersatzweise 500 g Kirschen aus dem Glas)
1 Stück frischer Ingwer (ca. 4 cm)
1 rote Chilischote
1 Stück Bio-Orangenschale
2 Sternanis
1 Zimtstange
150 g Zucker
80 ml Weißwein
4 EL Aceto balsamico
Salz

Für das Kasseler:

1 Bund Suppengrün
1 Zwiebel
2 Lorbeerblätter
5 Nelken
10 Wacholderbeeren
10 weiße Pfefferkörner
750 ml Weißwein (ersatzweise Brühe mit 3 EL Zitronensaft)
1 l Brühe | Salz
1,2 kg Kasselerlachs

1 Die Kirschmarmelade sollte am Tag vorher angesetzt werden: Kirschen waschen, halbieren und entsteinen. Ingwer schälen und fein hacken, die Chilischote halbieren, entkernen und fein hacken. Beides mit Orangenschale, Sternanis, Zimt und Zucker unter die Kirschen mischen und zugedeckt über Nacht ziehen lassen.

2 Am nächsten Tag die Kirschen mit den Gewürzen und dem Weißwein in einem Topf verrühren, zum Kochen bringen und bei kleiner Hitze 30–40 Min. köcheln lassen, bis die Kirschen leicht eingekocht sind. 10 Min. vor Garzeitende den Essig unterrühren, salzen, dann abkühlen lassen.

3 Das Suppengrün putzen und grob zerteilen. Die Zwiebel ungeschält halbieren. Alles mit den Gewürzen, dem Wein und der Brühe in einen großen Topf geben und einmal aufkochen lassen, mit Salz abschmecken. Dann die Hitze reduzieren, das Kasseler einlegen und bei kleiner Hitze in ca. 45 Min. zugedeckt garen. Das Fleisch aus der Brühe nehmen und vor dem Anschneiden 5 Min. ruhen lassen. Warm oder kalt mit der Kirschmarmelade servieren.

Clever variieren

Wie wär's mal mit **pfeffrig statt chilischarf?** Dazu einfach die Chilischote weglassen und mit dem Essig 1 EL grob zerhackte, eingelegte grüne Pfefferkörner unterrühren. Zusätzlich zum Salz dann noch mit schwarzem Pfeffer übermahlen.

Geflügelleber-Pastete

__edel & gut vorzubreiten__ | Zubereitung: 25 Min.
Kühlen: 24 Std. | Bei 6 Portionen pro Portion: ca. 495 kcal

Für 1 Terrinenform (600 ml Inhalt)

6 weiche Trockenpflaumen
8 EL Portwein | 500 g Hähnchenleber
6 Schalotten | 1 Knoblauchzehe
1/2 Bund Thymian | 250 g Butter
3 EL Pistazienkerne | Salz | Pfeffer

1 Die Trockenpflaumen klein würfeln, mit 4 EL Portwein mischen und beiseitestellen. Die Lebern trocken tupfen und von Häutchen und Sehnen befreien. Schalotten und Knoblauch schälen und fein hacken. Den Thymian waschen, trocken schütteln, die Blättchen abzupfen und fein hacken.

2 In einer Pfanne 50 g Butter zerlassen, darin die Lebern in 3–4 Min. rundherum anbraten, dann aus der Pfanne nehmen. Die Schalotten und den Knoblauch ins Bratfett geben und darin andünsten, Thymian und 4 EL Portwein dazugeben und ca. 2 Min. einköcheln. Zu den Lebern geben und abkühlen lassen.

3 Die abgekühlten Lebern mit der Küchenmaschine oder dem Pürierstab fein pürieren. Die Butter mit dem Handrührgerät cremig schlagen. Die Pistazien grob hacken. Lebermasse, Butter, Pistazien und marinierte Pflaumen gut mischen und mit Salz und Pfeffer abschmecken. In die Terrinenform füllen und mit Folie abdecken. Über Nacht im Kühlschrank kalt stellen. In der Terrinenform oder zu Nocken geformt servieren.

Forellenmousse

__luftig fein__ | Zubereitung: 25 Min.
Kühlen: 5 Std. | Bei 6 Portionen pro Portion: ca. 370 kcal

Für 1 Terrinenform (1 l Inhalt)

4 Blätter weiße Gelatine | 100 ml Fischfond
50 ml Weißwein (ersatzweise Fischfond + 2 EL Zitronensaft) | 350 g geräucherte Forellenfilets | 250 g Sahne | 250 g Crème fraîche
1 TL eingelegte, grüne Pfefferkörner
1 Bund Dill | Salz | Pfeffer

1 Die Gelatine nach Packungsanweisung in kaltem Wasser einweichen. Inzwischen den Fischfond mit dem Weißwein bei großer Hitze offen auf die Hälfte einkochen lassen. Inzwischen die Forellenfilets zerteilen und mit 50 g Sahne im Mixer fein pürieren.

2 Die eingeweichte Gelatine ausdrücken und in dem heißen Fond auflösen. Forellenmasse und Crème fraîche gut unterrühren. Ca. 10–15 Min. kalt stellen, bis die Masse ganz leicht zu gelieren beginnt.

3 Inzwischen die Pfefferkörner fein hacken, Dill waschen, trocken schütteln und hacken. Die übrige Sahne steif schlagen. Alles ganz vorsichtig unter die Forellenmasse heben, mit Salz und Pfeffer abschmecken. Die Terrinenform mit Frischhaltefolie auslegen. Die Mousse einfüllen und mind. 4–5 Std. im Kühlschrank fest werden lassen. Zum Servieren stürzen und in Scheiben schneiden.

Clever garnieren

... mit **Dillzweiglein** und **Forellenkaviar.**

vorne: Forellenmousse | hinten: Geflügelleber-Pastete

Bunte Gemüseterrine

preiswert und gut | *Zubereitung: ca. 50 Min.* | *Garen: 25 Min.* | *Bei 8 Personen pro Portion: 230 kcal*

Für 1 flache, viereckige Porzellanform (ca. 1 l Inhalt)

je 250 g Möhren, Knollensellerie, Zucchini und Lauch
Salz
je 2 Bund Dill, glatte Petersilie und Schnittlauch
1 Bund Frühlingszwiebeln
6 Eier | 250 g Sahne
150 g Schmand
Salz | Pfeffer
2 TL mildes Currypulver

Außerdem:

Butter für die Form

1 Möhren und Sellerie schälen, Zucchini waschen, putzen und in dünne Streifen schneiden oder hobeln. Den Lauch längs halbieren, waschen und in feine Stifte schneiden. Gemüse in kochendem Salzwasser knapp 2 Min. blanchieren, in einem Sieb kurz abschrecken und abtropfen lassen.

2 Den Backofen auf 180° vorheizen. Inzwischen die Kräuter waschen, trocken schütteln und hacken. Die Frühlingszwiebeln waschen, putzen und mit dem Grün in feine Ringe schneiden. Die Eier mit der Sahne und dem Schmand gut verquirlen und mit Salz, Pfeffer und Currypulver kräftig würzen.

3 Die Porzellanform mit Butter ausfetten. Das abgetropfte Gemüse mit den Kräutern und Frühlingszwiebeln mischen und in der Form verteilen. Die Eier-Sahne-Mischung darüber gießen.

4 Ein tiefes Backblech (Saftpfanne) mit Wasser füllen und in den heißen Ofen schieben (unten, Umluft nicht empfehlenswert). Die Porzellanform hineinstellen (sie sollte bis ca. 2 cm unter dem Rand im Wasser stehen) und die Masse in 20–25 Min. im Wasserbad garen, bis sie fest ist. Auskühlen lassen, in Stücke schneiden und auf einer Platte anrichten.

Clever servieren

Brunchtauglich wird die Terrine mit einer leicht asiatisch angehauchten, **warmen Kürbissauce:** Dazu 200 g süßsauer eingelegten Kürbis abtropfen lassen und mit 1 TL gehacktem Ingwer, 1 durchgedrückten Knoblauchzehe und 200 g stückigen Tomaten pürieren. Bei kleiner Hitze offen 10 Min. köcheln und mit 1 EL Honig, 1–2 EL Sweet-Chilisauce, 2 EL Sojasauce und Salz abschmecken. Wer will, bereitet die Sauce schon am Vortag zu und wärmt sie nur kurz auf.

Couscous-Kichererbsen-Salat

ein Hauch Orient | *Zubereitung: ca. 40 Min.* | *Bei 8 Personen pro Portion: ca. 360 kcal*

Für 6–8 Personen

350 ml Gemüsebrühe
80 g Rosinen
300 g Instant-Couscous
2 Zucchini (ca. 400 g)
2 Knoblauchzehen
6 EL Olivenöl | Salz | Pfeffer
1 Dose Kichererbsen
(400 g Abtropfgewicht)
5 EL Zitronensaft
Saft von 2 Orangen
1 Bund Dill
1/2 Bund Koriandergrün
7 Stängel Minze
400 g Joghurt
1 TL gemahlener Kreuzkümmel
1/2 TL edelsüßes Paprikapulver

1 Die Gemüsebrühe mit den Rosinen aufkochen. Den Couscous einrühren, vom Herd nehmen und zugedeckt in ca. 10 Min. ausquellen lassen, dabei nach 5 Min. mit einer Gabel auflockern.

2 Inzwischen die Zucchini waschen, putzen, längs in 1 cm dicke Scheiben, diese in Streifen und dann in Würfelchen schneiden. Knoblauch schälen und fein hacken. 3 EL Öl in einer Pfanne erhitzen, darin die Zucchini mit der Hälfte des Knoblauchs in ca. 5 Min. bei mittlerer Hitze goldbraun braten, salzen und pfeffern. Kichererbsen abgießen, kalt abbrausen und abtropfen lassen. Übriges Öl mit Zitronen- und Orangensaft verrühren und mit Zucchini, Kichererbsen und Couscous mischen.

3 Die Kräuter waschen, trocken schütteln, Blättchen und Spitzen fein hacken. Mit Joghurt und übrigem Knoblauch verrühren und mit Salz, Pfeffer, Kreuzkümmel und Paprikapulver würzen. Die Sauce zum Salat reichen.

Gemüse-Parmesan-Salat

frühlingsfrisch | *Zubereitung: 30 Min* | *Marinieren: 1 Std.* | *Pro Portion: ca. 460 kcal*

Für 6 Personen

750 g junge Möhren
2 Fenchelknollen (à ca. 300 g)
Salz | 600 g TK-Erbsen
1 Dose Artischockenherzen in Salzlake (240 g Abtropfgewicht)
80 ml Sherryessig
5 EL Traubensaft
3 EL Johannisbeergelee
150 ml Olivenöl
Salz | Pfeffer
300 g kleine Champignons
4 Frühlingszwiebeln
je 1/2 Bund glatte Petersilie und Basilikum
80 g Parmesan am Stück

1 Die Möhren schälen und in 3 cm lange Stücke schneiden, Fenchel waschen, putzen und in Stücke schneiden. Beides in kochendem Salzwasser ca. 6 Min. bei mittlerer Hitze garen, die Erbsen 1 Min. vor Garzeitende zugeben. In einem Sieb kalt abbrausen und abtropfen lassen. Artischocken ebenfalls abtropfen lassen und halbieren.

2 Essig, Traubensaft und Gelee gut verrühren, dann das Öl nach und nach kräftig unterschlagen, gut salzen und pfeffern. Mit dem Gemüse in einer Schüssel mischen und 1 Std. durchziehen lassen.

3 Champignons abreiben, putzen und halbieren. Frühlingszwiebeln waschen, putzen und mit dem Grün in feine Ringe schneiden. Kräuter waschen, trocken schütteln und grob hacken, den Parmesan grob reiben. Alles unter das marinierte Gemüse mischen, mit Salz und Pfeffer abschmecken und servieren.

Kartoffelsalat mit Räucherfisch

mal ganz fein | *Zubereitung: 55 Min.*
Bei 8 Personen pro Portion: ca. 485 kcal

Für 6–8 Personen

1,5 kg fest kochende Kartoffeln | Salz
4 Schalotten | 250 ml Gemüsebrühe
1 Bio-Zitrone | 3 Avocados
3 Stängel Estragon | 300 g Joghurt
200 g Schmand | Salz | Pfeffer
6 geräucherte Forellenfilets (ca. 600 g)

1 Kartoffeln waschen und mit der Schale in Salzwasser in 20–25 Min. gar kochen. Inzwischen Schalotten schälen und hacken. Die Brühe erhitzen, Schalotten darin 3 Min. ziehen lassen. Kartoffeln abgießen, ausdampfen lassen, in Scheiben schneiden und noch warm mit der Brühe mischen und ziehen lassen.

2 Die Zitrone heiß waschen, abtrocknen, die Schale abreiben und den Saft auspressen. Die Avocados vierteln, Kern und Schale entfernen, das Fruchtfleisch in Scheiben schneiden, sofort mit 3 EL Zitronensaft mischen. Den Estragon waschen, trocken schütteln, die Blättchen fein hacken und mit Zitronenschale, Joghurt und Schmand mischen, kräftig salzen und pfeffern.

3 Salatsauce und Kartoffeln mischen. Forellenfilets mundgerecht zerpflücken und mit den Avocados unter die Kartoffeln heben, evtl. nochmals salzen und pfeffern und möglichst noch etwas durchziehen lassen.

Asia-Reissalat

exotisch würzig | *Zubereitung: 40 Min.*
Ziehen: 1 Std. | *Pro Portion: ca. 375 kcal*

Für 6 Personen

300 g Langkornreis | Salz
300 g Staudensellerie
5 Frühlingszwiebeln | 1 reife Mango
250 g geräucherte Putenbrust (2 dicke Scheiben)
1 Glas süßsauer eingelegter Kürbis (330 g Abtropfgewicht)
150 ml Hühnerbrühe | 5 EL Mayonnaise
2 TL Currypulver | Pfeffer
1/2 Bund Koriandergrün

1 Den Reis nach Packungsanweisung in 750 ml Salzwasser bei mittlerer Hitze offen in 25 Min. garen und in ein Sieb abgießen.

2 Inzwischen die Selleriestangen waschen, putzen und in dünne Scheiben schneiden. Frühlingszwiebeln waschen, putzen und mit dem Grün in Ringe schneiden. Mango schälen, vom Stein schneiden und klein würfeln. Putenbrust in Stifte schneiden. Kürbis abgießen, dabei den Sud auffangen und abtropfen lassen.

3 Hühnerbrühe, Mayonnaise, 5–6 EL Kürbissud und Currypulver verrühren. Mit dem Reis und den übrigen Zutaten mischen, salzen und pfeffern. 1 Std. durchziehen lassen. Vor dem Servieren das Koriandergrün waschen, trocken schütteln, die Blättchen hacken und unter den Salat mischen.

oben: Kartoffelsalat mit Räucherfisch | unten: Asia-Reissalat

1

2

3

Orangen-Trifle

fruchtig-erfrischend | *Zubereitung: 50 Min.* | *Kühlen: 3 Std.* | *Pro Portion: ca. 550 kcal*

Für 10 Personen

Für die Orangencreme:

1 Vanilleschote
3 EL Orangeat
150 g Sahne
100 g weiße Kuvertüre
250 g Magerquark
250 g Mascarpone
4 EL Zucker

Für das Orangenkompott:

5 Bio-Orangen
120 g Zucker
2 EL Orangenlikör (nach Belieben)

Für das Trifle:

100 ml frisch gepresster Orangensaft
80 ml Orangenlikör (ersatzweise Saft von 1 Zitrone und Orangensaft)
400 g Sandkuchen oder Biskuit (fertig gekauft)
100 g Löffelbiskuits

1 Für die Orangencreme das Mark aus der Vanilleschote kratzen. Orangeat fein hacken. Vanillemark und -schote mit Orangeat und Sahne erhitzen. Kuvertüre hacken und unter Rühren bei kleiner Hitze darin schmelzen. Anschließend mind. 2 Std. im Kühlschrank kühlen. Vanilleschote herausfischen, dann die Sahne steif schlagen. Quark mit Mascarpone und Zucker glatt rühren und die Sahne unterheben.

2 Für das Kompott die Orangen heiß waschen und abtrocknen. Die Schale von 2 Orangen mit dem Zestenreißer in dünnen Streifen abziehen (**Bild 1**). Dann die Schale samt weißer Haut von allen Orangen abschneiden (**Bild 2**) und die Filets aus den Trennhäuten schneiden, dabei den Saft auffangen (**Bild 3**). Den Zucker und 3 EL Wasser hellbraun karamellisieren lassen und mit dem aufgefangenen Orangensaft ablöschen, Orangenschalen zugeben, 2 Min. köcheln lassen. Vom Herd nehmen, die Filets und nach Belieben Likör unterrühren und abkühlen lassen.

3 Für das Trifle den Orangensaft nach Belieben mit dem Likör mischen. Den Kuchen 1 cm groß würfeln, Biskuits zerbröseln und beides mischen. Die Hälfte davon in eine Schüssel geben oder für einzelne Portionen in kleine Gläser verteilen und mit dem Likör-Saft-Gemisch beträufeln. Jeweils die Hälfte des Kompotts und der Creme darüber schichten. Denselben Vorgang mit dem Rest der Zutaten wiederholen. Vor dem Servieren 1 Std. kalt stellen.

Clever vorbereiten

Kompott und Schoko-Sahne können bereits **am Tag vorher zubereitet** und gekühlt werden. Dann am nächsten Tag noch die Quarkcreme fertig stellen und das Trifle schichten. Ruhig etwas länger durchziehen lassen! Wer will, kann auch nur die Creme mit dem Kompott servieren.

Zwetschgenkompott
mit Marzipansauce

gut vorzubereiten | *Zubereitung: ca. 50 Min.* | *Bei 8 Personen pro Portion: ca. 430 kcal*

Für 6–8 Personen

Für das Kompott:

1,5 kg Zwetschgen
1/2 Bio-Zitrone
200 g Zucker
1 Zimtstange
300 ml Weißwein (ersatzweise Zwetschgen- oder Kirschsaft)
3 EL Amaretto (ital. Mandellikör, nach Belieben)
3 EL ungesalzene Pistazienkerne

Für die Sauce:

100 g Marzipanrohmasse
200 ml Milch
1 Päckchen Vanillezucker
200 g Mascarpone
2 EL Amaretto (ital. Mandellikör, nach Belieben)

1 Die Zwetschgen waschen, vierteln und entsteinen. Zitrone heiß waschen und abtrocknen, 1 Msp. Schale abreiben, den Saft auspressen. Zitronensaft und -schale mit Zucker, Zimtstange und Wein oder Saft in einem großen Topf zum Kochen bringen. Dann die Zwetschgen zugeben und bei kleiner Hitze 5–15 Min. kochen lassen (je nachdem wie stückig man das Kompott möchte). Nach Belieben Amaretto unterrühren und abkühlen lassen. Die Pistazien grob hacken und vor dem Servieren über das Kompott streuen.

2 Für die Sauce die Marzipanrohmasse grob in Stücke schneiden und mit etwa der Hälfte der Milch vorsichtig mit dem Pürierstab schaumig pürieren, dabei nach und nach die restliche Milch unterrühren. Vanillezucker, Mascarpone und nach Belieben Amaretto zugeben und so lange weiterrühren, bis die Sauce schön cremig aufgeschlagen ist. In einen Krug füllen und mit dem lauwarmen oder kalten Zwetschgenkompott servieren.

Clever tauschen

Wie wär's mal mit **Kirschkompott?** Dazu ca. 1,8 kg Sauerkirschen halbieren und entsteinen (ersatzweise 1,5 kg Schattenmorellen aus dem Glas) und mit den übrigen Zutaten wie beschrieben zubereiten (wer will, gibt zur Zimtstange noch 2 Stücke Sternanis dazu und nimmt anstelle von Amaretto Kirschwasser). Oder **Aprikosenkompott:** Hier 1,5 kg reife Aprikosen verwenden und zusätzlich das Mark 1 Vanilleschote mitkochen.

Serviervariante

Das Kompott schmeckt auch mit **Vanillesauce** (siehe Seite 49). Und umgekehrt kann man zum Apfelauflauf auch Marzipansauce reichen.

Birnen-Mohn-Kuchen

herbstlich-fruchtig | *Zubereitung: 35 Min.*
Backen: 45 Min. | *Bei 20 Stücken pro Stück: ca. 285 kcal*

Für 1 Backblech (20 Stücke)

1,5 kg reife Birnen (z. B. Williams)
2 EL Zitronensaft | 250 g weiche Butter
200 g Zucker | 5 Eier | 350 g Mehl
1 Päckchen Backpulver | 100 ml Milch
1 Päckchen Mohnback (Fertigmischung)
3 EL Rum (nach Belieben) | Fett für die Form

1 Die Birnen schälen, achteln, dabei das Kerngehäuse entfernen, sofort mit Zitronensaft mischen. Den Backofen auf 180° vorheizen, ein Backblech einfetten.

2 Die Butter in Stückchen schneiden und mit dem Zucker mit dem Handrührgerät cremig rühren. Die Eier unterrühren. Mehl und Backpulver mischen und mit der Milch, der Mohnzubereitung und nach Belieben Rum unter die Masse rühren.

3 Den Teig auf dem Blech verteilen und die Birnenspalten leicht versetzt nebeneinander legen und leicht in den Teig eindrücken. Den Kuchen im heißen Ofen (Mitte, Umluft 160°) in ca. 45 Min. goldbraun backen.

Clever verzieren

Wer möchte, bestreicht den Kuchen noch heiß mit ca. 150 g Birnen- oder Quittengelee – so bekommt er einen **schönen Glanz.**

Schoko-Orangen-Schnitten

Feines für Viele | *Zubereitung: 30 Min.*
Backen: 45 Min. | *Bei 20 Stücken pro Stück: ca. 310 kcal*

Für 1 Backblech (20 Stücke)

100 g Zartbitterschokolade
100 g Orangeat | 250 g weiche Butter
200 g Zucker | 5 Eier | 300 g Mehl
1 Päckchen Backpulver | 3 EL Kakaopulver
200 ml frisch gepresster Orangensaft
200 g Zartbitterkuvertüre | 10 kandierte Orangenscheiben | Fett für das Blech

1 Den Backofen auf 180° vorheizen, ein Backblech einfetten. Die Schokolade reiben und das Orangeat fein hacken. Die Butter in Stückchen schneiden und mit dem Zucker mit dem Handrührgerät cremig rühren. Die Eier trennen, Eigelbe unterrühren. Mehl, Backpulver und Kakao mischen und mit dem Orangensaft unter die Masse rühren.

2 Die Eiweiße steif schlagen und mit der geriebenen Schokolade und dem Orangeat unter den Teig heben. Den Teig auf dem Blech verteilen und glatt streichen. Den Kuchen im heißen Ofen (Mitte, Umluft 160°) ca. 45 Min. backen. Leicht abkühlen lassen.

3 Die Kuvertüre in Stücke schneiden und im heißen Wasserbad schmelzen. Die Orangenscheiben halbieren. Die Kuvertüre auf dem noch lauwarmen Kuchen verteilen und je 1/2 Orangenscheibe auf jedes Stück legen und leicht eindrücken.

vorne: Schoko-Orangen-Schnitten | hinten: Birnen-Mohn-Kuchen

Brunch mal ganz besonders

Ungewöhnliches Brunchbüfett
(für 12 Personen)

Marokkanische Lammpastetchen 2 x (S. 69)
Dazu: Joghurt-Minze-Dip 2 x (S. 65)
Mozzarella mit Würzkrokant 2 x (S. 89)
Marinierte Minze-Möhren 2 x (S. 97)
Roastbeef-Linsen-Röllchen (S. 85)
Limetten-Obstsalat 3 x (S. 21)

Zusätzlich:

750 g verschiedene Käsesorten am Stück
3 Fladenbrote oder 4 Baguettes
12 Croissants
Honig (evtl. Aprikosen-Mandel-Honig, S. 25)

Am Vorabend vorbereiten:

1 Das Ragout für die Pastetchen vorkochen
2 Den Würzkrokant vorbereiten
3 Minze-Möhren zubereiten
4 Linsenfüllung für die Röllchen zubereiten
5 Den Sirup für den Obstsalat kochen

Morgens erledigen:

6 Teig für die Pastetchen kneten, kühl stellen
7 Den Joghurt-Minze-Dip anrühren
8 Früchte für den Obstsalat schneiden und mit Sirup mischen
9 Die Roastbeef-Röllchen fertigstellen
10 Teig ausrollen, in die Form setzen, füllen und in den Backofen schieben
11 Mozzarella mit Würzkrokant fertigstellen
12 Käse auf eine Platte legen, Brot aufschneiden, Kaffee und Tee kochen

Edles Sektfrühstück
(für 8 Personen)

Schinken-Rührei 2 x (S. 39)
Gebeizte Forelle mit Senfsauce (S. 79)
Käse-Schicht-Terrine (S. 33)
Medaillons mit Senf-Kräuter-Haube (S. 61)
Vanillejoghurt-Obstsalat 2 x (S. 21)

Zusätzlich:

8 Croissants | 8 Brötchen und 16 Scheiben Toastbrot | Butter | Konfitüren | Honig
2 Flaschen Sekt | Orangensaft

Zwei Abende vorher vorbereiten:

1 Die Lachsforelle einlegen und im Kühlschrank marinieren

Am Vorabend vorbereiten:

2 Käse-Schicht-Terrine zubereiten und mit Folie abdecken (nicht stürzen)
3 Butter für Medaillons vorbereiten
4 Sekt kaltstellen

Morgens vorbereiten:

5 Den Obstsalat zubereiten
6 Den Lachs dünn aufschneiden, die Senfsauce anrühren, zusammen anrichten
7 Käse-Schicht-Terrine anrichten
8 Schinken für Rührei schneiden, Zutaten bereitstellen
9 Medaillons braten, mit Butter aufs Blech legen

Wenn die Gäste da sind:

10 Rührei braten (evtl. nacheinander und die erste Lage bei 60° im Ofen abgedeckt warmhalten) und Medaillons in den Ofen schieben

Frühstück im Grünen
(Picknick für 6 Personen)

Tomaten-Basilikum-Frischkäse (S. 29)
Scharfe Hähnchenkeulen (S. 63) oder
1/2 Portion Hackbällchen (S. 87)
Gemüse-Parmesan-Salat (S. 111)
Feta mit Petersilienpesto (S. 88)
Buntes Antipastigemüse (S. 95)
Cranberry-Schoko-Muffins (S. 43)

Zusätzlich:

2 Baguettes | 1 Flasche Würzketchup (zu Hähnchenkeulen oder Hackbällchen) | 1 Bund Radieschen | reichlich Mineralwasser oder Sprudel

Am Vorabend vorbereiten:

1 Frischkäse zubereiten, Basilikum und Pinienkerne noch nicht unterrühren
2 Hähnchenkeulen oder Hackbällchen braten; evtl. schon kalt in Alufolie packen
3 Das Gemüse für den Salat garen und abtropfen lassen, Dressing vorbereiten, beides abgedeckt kühl stellen
4 Pesto vorbereiten, in ein Schraubglas füllen
5 Antipastigemüse zubereiten und in eine verschließbare Schüssel füllen
6 Muffins backen, abkühlen lassen und in Alufolie verpacken

Morgens erledigen:

7 Basilikum und Pinienkerne unter den Frischkäse rühren
8 Pilze schneiden, Parmesan hobeln, mit Dressing unter den Salat heben, Salat in eine verschließbare Schüssel füllen
9 Tomaten und Radieschen waschen, verpacken

Vor Ort:

10 Feta und Tomaten schneiden, mit Pesto anrichten

Unkomplizierter Brunch
(für 20 Personen)

Schinken-Kräuterquark 3 x (S. 29)
Käseplatte mit Traubensenf 2 x (S. 35)
Matjes-Apfel-Tatar 2 x (S. 36)
Kasseler mit scharfer Kirschmarmelade (S. 105)
Bunte Gemüseterrine (S. 109)
Brokkoli-Quiche (S. 71)
Zwetschgenkompott mit
Marzipansauce 2 x (S. 117)
Birnen-Mohn-Kuchen (S. 119)

Zusätzlich:

2 Misch- oder Vollkornbrote, 35–40 Brötchen

Am Vorabend vorbereiten:

1 Schinken für den Quark schneiden und zugedeckt beiseitestellen
2 Den Traubensenf kochen
3 Für das Matjes-Tatar alle Zutaten (bis auf den Apfel) schneiden und mischen, Dressing zubereiten, getrennt zugedeckt kühl stellen
4 Das Kasseler kochen und in der Brühe abkühlen lassen, Kirschmarmelade kochen
5 Die Gemüseterrine zubereiten
6 Kuchen backen und Kompott kochen

Morgens erledigen:

7 Teig für die Quiche vorbereiten und kühlen, Brokkoli kochen, abtropfen lassen, Guss anrühren
8 Schinken-Quark fertigstellen
9 Matjes-Apfel-Tatar fertigstellen
10 Käseplatte und Gemüseterrine anrichten
11 Marzipansauce zubereiten
12 Quiche fertigstellen, in den Ofen schieben
13 Kasseler nach Belieben erwärmen

A

Amaretto-Waffeln mit Cappuccinocreme 45
Ananas
Ananas-Kokos-Smoothie 19
Limetten-Obstsalat 21
Äpfel
Apfelauflauf mit Vanillesauce 49
Apfel-Himbeer-Marmelade 23
Matjes-Apfel-Tatar 36
Aprikosen
Aprikosen-Mandel-Honig 25
Aprikosentaler 65
Artischocken: Gemüse-Parmesan-Salat 111
Asia-Reissalat 113
Asiatische Hackbällchen (Variante) 87
Avocados
Avocadodip 51
Kartoffelsalat mit Räucherfisch 113

B

Bananen
Ananas-Kokos-Smoothie 19
Bananen-Pancakes (Variante) 41
Bärlauch: Bärlauchfilet im Blätterteig 59
Basilikumbällchen 31
Beeren
Apfel-Himbeer-Marmelade 23
Beerenfrischkäse 25
Beerensmoothie 19
Erdbeer-Holler-Sekt (Blitzrezept) 13
Erdbeer-Limetten-Marmelade 23
Heidelbeer-Pancakes 41
Vanillejoghurt-Obstsalat 21
Bier (Getränkekunde) 11
Birnen-Mohn-Kuchen 119
Blätterteig
Bärlauchfilet im Blätterteig 59
Thunfisch-Blätterteig-Täschchen 56
Bowle (Getränkekunde) 11, 13
Brokkoli: Brokkoli-Quiche 71
Brot und Brötchen (Service) 7
Brunch (Service) 5
Büfettplanung (Service) 9
Bunt gefüllte Eier 93
Bunte Gemüseterrine 109
Bunte Käsebällchen 31
Buntes Antipastigemüse 95
Butter (Service) 7

C

Cappuccinocreme 45
Champignons
Frühlingsröllchen aus dem Ofen 57
Gefüllte Champignons 53
Gemüse-Parmesan-Salat 111
Pilz-Käse-Omelett 39
Couscous-Kichererbsen-Salat 110
Cranberry-Schoko-Muffins 43
Crumble, Pfirsich- 47

D

Datteln: Hackfleischdatteln 65
Dekotipps (Service) 15
Dips
Avocadodip 51
Beerenfrischkäse 25
Cappuccinocreme 45
Joghurt-Minze-Dip (Tipp) 65
Roquefort-Creme 33
Schinken-Kräuter-Quark 29
Tomaten-Basilikum-Frischkäse 29
Traubensenf 35
Wasabi-Dip 81

E

Eier
Apfelauflauf mit Vanillesauce 49
Brokkoli-Quiche 71
Bunt gefüllte Eier 93
Bunte Gemüseterrine 109
Krabben-Rührei 39
Möhren-Erbsen-Quiche (Variante) 71
Petersilien-Käse-Tortilla 67
Pikanter Spanischer Kuchen 73
Pilz-Käse-Omelett 39
Schinken-Rührei (Variante) 39
Vanillesauce 49
Zucchini-Ziegenkäse-Tarte (Variante) 71
Entenbrust mit Sesamdressing auf Brunnenkresse 99
Erdbeer-Holler-Sekt (Blitzrezept) 13
Erdbeer-Limetten-Marmelade 23

F

Fenchel
Fenchel, Marinierter 97
Gemüse-Parmesan-Salat 111
Feta mit Petersilienpesto 88
Fisch
Forellenmousse 107
Gebeizte Forelle mit Senfsauce 79
Gefüllte Lachsbällchen auf Rucola 37
Gefüllte Tomaten mit Thunfisch 91
Kartoffelsalat mit Räucherfisch 113
Krabben-Rührei 39
Krabben-Spinat-Röllchen 83
Matjes-Apfel-Tatar 36
Möhren-Erbsen-Quiche (Variante) 71
Sardinen in Safran-Orangen-Marinade 81
Tandoori-Lachs 63
Thunfisch-Blätterteig-Täschchen 56
Thunfisch-Röllchen mit Wasabi-Dip 81
Fleisch
Bärlauchfilet im Blätterteig 59
Hackbällchen 87

Hackfleischdatteln 65
Kasseler mit scharfer Kirschmarmelade 105
Kräuter-Rollbraten 103
Marokkanische Lammpastetchen 69
Medaillons mit Senf-Kräuter-Haube 61
Mohn-Schnitzelchen 61
Papayas mit Rindfleischsalat 91
Roastbeef-Linsen-Röllchen 85
Forelle
Forelle mit Senfsauce, Gebeizte 79
Forellenmousse 107
Kartoffelsalat mit Räucherfisch 113
Frischkäse
Beerenfrischkäse 25
Bunt gefüllte Eier 93
Bunte Käsebällchen 31
Gefüllte Lachsbällchen auf Rucola 37
Käse-Schicht-Terrine 33
Krabben-Spinat-Röllchen 83
Ofenkartöffelchen mit Avocadodip 51
Roquefort-Creme 33
Tomaten-Basilikum-Frischkäse 29
Frühlingsröllchen aus dem Ofen 57
Frühstücksbasics 7

G

Gebeizte Forelle mit Senfsauce 79
Gebratene Champignons (Suppeneinlage) 75
Geflügel
Asia-Reissalat 113
Entenbrust mit Sesamdressing auf Brunnenkresse 99
Geflügelleber-Pastete 107
Kalter Putenbraten mit Paprikacreme 101
Scharfe Hähnchenkeulen 63
Gefüllte Champignons 53
Gefüllte Lachsbällchen auf Rucola 37
Gefüllte Tomaten mit Thunfisch 91
Gemüse-Parmesan-Salat 111
Gemüseterrine, Bunte 109
Griechische Hackbällchen (Variante) 87

H

Hackbällchen 87
Hackfleischdatteln 65
Hähnchenkeulen, Scharfe 63
Heidelbeer-Pancakes 41
Heiße Schokolade, Extra (Blitzrezept) 12
Honig
Aprikosen-Mandel-Honig 25
Senfsauce 79

I

Ingwer-Tschai (Blitzrezept) 12
Italienische Hörnchen (Variante) 55

J

Joghurt-Minze-Dip (Tipp) 65

K

Kaffee (Getränkekunde) 11
Kalter Putenbraten mit Paprikacreme 101
Kartoffeln
Kartoffelcremesuppe 75
Kartoffelsalat mit Räucherfisch 113
Ofenkartöffelchen mit Avocadodip 51
Petersilien-Käse-Tortilla 67
Käse
Beerenfrischkäse 25
Brokkoli-Quiche 71
Bunt gefüllte Eier 93
Bunte Käsebällchen 31
Feta mit Petersilienpesto 88
Gefüllte Champignons 53
Gemüse-Parmesan-Salat 111
Griechische Hackbällchen (Variante) 87
Käse (Service) 7
Käsebällchen, Bunte 31
Käseplatte (Variante) 35
Käseplatte mit Traubensenf 35
Käse-Schicht-Terrine 33
Kräuterquark-Hörnchen (Variante) 55
Kräuter-Rollbraten 103
Mozzarella mit Würzkrokant 89
Petersilien-Käse-Tortilla 67
Pikanter Spanischer Kuchen 73
Pilz-Käse-Omelett 39
Roquefort-Creme 33
Schinkenhörnchen 55
Schinken-Kräuter-Quark 29
Tomaten-Basilikum-Frischkäse 29
Kasseler mit scharfer Kirschmarmelade 105
Kirschkompott (Variante) 117
Kirschmarmelade, Scharfe 105
Knusperkern-Müsli 17
Krabben-Rührei 39
Krabben-Spinat-Röllchen 83
Kräuterquark-Hörnchen (Variante) 55
Kräuter-Rollbraten 103
Kuchen
Birnen-Mohn-Kuchen 119
Cranberry-Schoko-Muffins 43
Möhren-Schoko-Kuchen (Variante) 73
Pfirsich-Crumble 47
Pikante Zwiebel-Muffins 43
Schoko-Orangen-Schnitten 119
Kürbis
Asia-Reissalat 113
Kürbissauce, Warme (Tipp) 109

L

Lachsbällchen auf Rucola, Gefüllte 37

Lammpastetchen, Marokkanische 69
Latte macchiato, Würziger (Blitzrezept) 12
Limetten
Erdbeer-Limetten-Marmelade 23
Limetten-Obstsalat 21
Limonade (Getränkekunde) 11

M

Mais: Scharfe Maispuffer 66
Marinierte Garnelen (Suppeneinlage) 75
Marinierte Minze-Möhren 97
Marinierter Fenchel 97
Marmelade
Apfel-Himbeer-Marmelade 23
Erdbeer-Limetten-Marmelade 23
Marmelade (Service) 7
Scharfe Kirschmarmelade 105
Marokkanische Lammpastetchen 69
Marzipansauce 117
Matjes-Apfel-Tatar 36
Matjeshäppchen (Tipp) 36
Medaillons mit Senf-Kräuter-Haube 61
Meerrettich-Bällchen 31
Melonen
Limetten-Obstsalat 21
Melonen-Bowle (Blitzrezept) 13
Milchprodukte (Service) 7
Minze-Möhren, Marinierte 97
Mohn
Birnen-Mohn-Kuchen 119
Mohn-Schnitzelchen 61
Möhren
Bunte Gemüseterrine 109
Gemüse-Parmesan-Salat 111
Marinierte Minze-Möhren 97
Möhren-Erbsen-Quiche (Variante) 71
Möhren-Schoko-Kuchen (Variante) 73
Mortadella: Mortadella-Spargel-Röllchen 85
Mozzarella
Aprikosentaler 65
Mozzarella mit Würzkrokant 89
Pesto-Nudel-Salat 77
Müsli (Service) 7
Müsli, Knusperkern- 17
Muffins
Cranberry-Schoko-Muffins 43
Pikante Zwiebel-Muffins 43

N

Nudeln: Pesto-Nudel-Salat 77
Nüsse
Knusperkern-Müsli 17
Mozzarella mit Würzkrokant 89

O

Ofenkartöffelchen mit Avocadodip 51
Oliven
Olivenbällchen 31
Olivenbutter (Variante) 27
Pesto-Nudel-Salat 77
Pikanter Spanischer Kuchen 73
Sardinen in Safran-Orangen-Marinade 81
Orangen
Limetten-Obstsalat 21
Orangenbutter, süße 27
Orangenbutter (Würzige Variante) 27
Orangencreme 115
Orangenkompott 115
Orangen-Trifle 115
Sardinen in Safran-Orangen-Marinade 81
Schoko-Orangen-Schnitten 119
Orientalische Hackbällchen (Variante) 87

P

Pancakes, Heidelbeer- 41
Papayas
Limetten-Obstsalat 21
Papayas mit Rindfleischsalat 91
Thunfisch-Röllchen mit Wasabi-Dip 81
Paprika
Bunte Antipastigemüse 95
Entenbrust mit Sesamdressing auf Brunnenkresse 99
Paprikacreme 101
Scharfe Maispuffer 66
Pesto-Nudel-Salat 77
Petersilien-Ei (Suppeneinlage) 75
Petersilien-Käse-Tortilla 67
Petersilienpesto 88
Pfirsich-Crumble 47
Pikante Zwiebel-Muffins 43
Pikanter Spanischer Kuchen 73
Pilze
Frühlingsröllchen aus dem Ofen 57
Gefüllte Champignons 53
Gemüse-Parmesan-Salat 111
Pilz-Käse-Omelett 39
Putenbraten mit Paprikacreme, Kalter 101

Q

Quark
Cappuccinocreme 45
Käse-Schicht-Terrine 33
Krabben-Spinat-Röllchen 83
Kräuterquark-Hörnchen (Variante) 55
Orangen-Trifle 115
Schinken-Kräuter-Quark 29
Quiche
Brokkoli-Quiche 71
Möhren-Erbsen-Quiche (Variante) 71
Zucchini-Ziegenkäse-Tarte (Variante) 71

R

Radieschenbutter (Variante) 27
Roastbeef-Linsen-Röllchen 85
Roquefort-Creme 33

S

Säfte (Getränkekunde) 11
Salate
Asia-Reissalat 113
Couscous-Kichererbsen-Salat 110
Eier-Thunfischsalat (Variante) 91
Gemüse-Parmesan-Salat 111
Kartoffelsalat mit Räucherfisch 113
Limetten-Obstsalat 21
Papayas mit Rindfleischsalat 91
Pesto-Nudel-Salat 77
Vanillejoghurt-Obstsalat 21
Sangria, Fruchtige (Blitzrezept) 13
Sardinen in Safran-Orangen-Marinade 81
Saucen
Senfsauce 79
Vanillesauce 49
Warme Kürbissauce (Tipp) 109
Scharfe Hähnchenkeulen 63
Scharfe Kirschmarmelade 105
Scharfe Maispuffer 66
Schinken
Aprikosentaler 65
Bärlauchfilet im Blätterteig 59
Brokkoli-Quiche 71
Italienische Hörnchen (Variante) 55
Schinkenhörnchen 55
Schinken-Kräuter-Quark 29
Schinken-Rührei (Variante) 39
Schoko-Orangen-Schnitten 119
Sekt (Getränkekunde) 11
Senf
Medaillons mit Senf-Kräuter-Haube 61
Senfsauce 79
Spanischer Kuchen, Pikanter 73
Speck
Gefüllte Champignons 53
Pilz-Käse-Omelett 39
Speckpflaumen (Variante) 65
Zwiebel-Speck-Kuchen (Variante) 73
Spinat: Krabben-Spinat-Röllchen 83
Süße Orangenbutter 27
Suppeneinlagen (Tipp) 75

T

Tandoori-Lachs 63
Tee (Getränkekunde) 11
Thunfisch-Blätterteig-Täschchen 56
Thunfisch-Röllchen mit Wasabi-Dip 81
Tomaten
Feta mit Petersilienpesto 88
Gefüllte Tomaten mit Thunfisch 91
Pesto-Nudel-Salat 77
Tomaten mit Eier-Thunfischsalat (Variante) 91
Tomaten-Basilikum-Frischkäse 29
Trauben
Traubensenf 35
Vanillejoghurt-Obstsalat 21

V

Vanillejoghurt-Obstsalat 21
Vanillesauce 49
Vegetarisch
Bunt gefüllte Eier (grün und gelb) 93
Bunte Antipastigemüse 95
Bunte Gemüseterrine 109
Bunte Käsebällchen 31
Couscous-Kichererbsen-Salat 110
Feta mit Petersilienpesto 88
Frühlingsröllchen aus dem Ofen 57
Gefüllte Champignons (Variante) 53
Gemüse-Parmesan-Salat 111
Kartoffelcremesuppe 75
Käseplatte mit Traubensenf 35
Käse-Schicht-Terrine 33
Kräuterquark-Hörnchen (Variante) 55
Marinierte Minze-Möhren 97
Marinierter Fenchel 97
Mozzarella mit Würzkrokant 89
Ofenkartöffelchen mit Avocadodip 51
Pesto-Nudel-Salat 77
Petersilien-Käse-Tortilla 67
Pikante Zwiebel-Muffins 43
Roquefort-Creme 33
Scharfe Maispuffer 66
Tomaten-Basilikum-Frischkäse 29
Zucchini-Ziegenkäse-Tarte (Variante) 71

W

Waffeln: Amaretto-Waffeln 45
Warme Kürbissauce (Tipp) 109
Wasabi-Dip 81
Wasser (Getränkekunde) 11
Wein (Getränkekunde) 11
Wurst (Service) 7
Würziger Latte macchiato (Blitzrezept) 12

Z

Zucchini
Bunte Antipastigemüse 95
Couscous-Kichererbsen-Salat 110
Zucchini-Ziegenkäse-Tarte (Variante) 71
Zwetschgenkompott mit Marzipansauce 117
Zwiebel-Muffins, Pikante 43
Zwiebel-Speck-Kuchen (Variante) 73

Liebe Leserin und lieber Leser,

wir freuen uns, dass Sie sich für ein GU-Buch entschieden haben. Mit Ihrem Kauf setzen Sie auf die Qualität, Kompetenz und Aktualität unserer Ratgeber. Dafür sagen wir Danke! Wir wollen als führender Ratgeberverlag noch besser werden. Daher ist uns Ihre Meinung wichtig. Bitte senden Sie uns Ihre Anregungen, Ihre Kritik oder Ihr Lob zu unseren Büchern. Haben Sie Fragen, oder benötigen Sie weiteren Rat zum Thema? Wir freuen uns auf Ihre Nachricht!

GRÄFE UND UNZER VERLAG

Leserservice
Postfach 86 03 13
81630 München

Wir sind für Sie da!

Montag–Donnerstag: 8.00–18.00 Uhr
Freitag: 8.00–16.00 Uhr

Tel.: 0180 - 5 00 50 54*
Fax: 0180 - 5 01 20 54*

*(0,14 !/Min. aus dem dt. Festnetz/ Mobilfunkpreise können abweichen.)

E-Mail: leserservice@graefe-und-unzer.de

Wollen Sie noch mehr Aktuelles von GU erfahren, dann abonnieren Sie doch unseren kostenlosen GU-Online-Newsletter und/oder unsere kostenlosen Kundenmagazine.

Unsere Garantie

Alle Informationen in diesem Ratgeber sind sorgfältig und gewissenhaft geprüft. Sollte dennoch einmal ein Fehler enthalten sein, schicken Sie uns das Buch mit dem entsprechenden Hinweis an unseren Leserservice zurück. Wir tauschen Ihnen den GU-Ratgeber gegen einen anderen zum gleichen oder einem ähnlichen Thema um.

GRÄFE UND UNZER

Ein Unternehmen der
GANSKE VERLAGSGRUPPE

Die Autorin

Tanja Dusy findet, dass Kochen einfach Spaß macht. Darum arbeitet Sie auch seit 2001 als Foodredakteurin im GRÄFE UND UNZER VERLAG. In dieser Zeit hat sie über 20 teilweise prämierte Kochbücher geschrieben. Weil sie aber auch meint, dass Essen mit Freunden noch besser als Kochen ist, kam das Thema Brunch und Büfett gerade recht: Alles wurde von ihr gekocht und gemeinsam für gut befunden!

Der Fotograf

Jörn Rynio arbeitet als Fotograf in Hamburg. Zu seinen Auftraggebern gehören nationale und internationale Zeitschriften, Buchverlage und Werbeagenturen. Aus seinem Studio stammen alle Fotos in diesem Buch. Tatkräftig unterstützt wurde er dabei von seinen Foodstylisten Petra Speckmann, Hermann Rottmann und Rainer Meidinger.

Bildnachweis: Titelbild: Studio L'EVEQUE Tanja und Harry Bischof (Styling und Fotografie); alle anderen: Fotograf Jörn Rynio

Programmleitung: Doris Birk

Leitende Redakteurin: Stephanie Wenzel

Projektleitung: Alessandra Redies

Redaktion: Vicky Bobe

Lektorat: Dagmar Reichel

Korrektorat: Waltraud Schmidt

Innenlayout, Typographie und Umschlaggestaltung: Sandra Gramisci bei independent Medien-Design, München

Satz: Knipping Werbung GmbH, Berg/Starnberg

Herstellung: Gloria Pall

Reproduktion: Penta Repro, München

Druck und Bindung: Printer, Trento

ISBN 978-3-8338-0827-2

2. Auflage 2007

GRÄFE UND UNZER

Ein Unternehmen der
GANSKE VERLAGSGRUPPE

100 JAHRE GANSKE VERLAGSGRUPPE